오늘 나는 사찰에 간다

정병삼 글·사진

풀빛

오늘 나는 사찰에 간다

초판 발행 · 2003년 8월 14일 | 초판 2쇄 · 2003년 10월 17일 |
지은이 · 정병삼 | 펴낸이 · 홍석 |
편집진행 · 이명희 | 디자인 · 서은경 | 마케팅 · 양정수/ 김명희/ 김준경 |
펴낸곳 · 도서출판 풀빛 | 등록번호 · 1979년 3월 6일 제8－24호 |
주소 · 서울특별시 서대문구 북아현3동 177－5 |
전화 · 02－363－5995(영업), 02－362－8900(편집) | 팩스 · 02－393－3858 |
homepage · www.pulbit.co.kr

ⓒ 정병삼, 2003

정가 25,000원
ISBN 89－7474－889－4 03810

＊무단 전재와 무단 복제를 금합니다.

머리말

저 멀리 산자락 사이로 살며시 고개를 내미는 산사 들머리를 지나 개울과 다리를 건너 절 근처에 이르니 일주문이 나그네를 반긴다. 당간터를 지나 천왕문과 또 여러 문을 지나고 누각을 바라보며 그 밑으로 절마당에 이른다. 법당을 중심으로 펼쳐진 탑과 석등과 종각이 이루는 절마당은 온갖 장엄물로 부처의 세계를 이룬다. 잠시 눈을 돌려 법당에 몸을 기대고 지나온 길을 조망한다. 요사채에 들러 시원한 물 한모금 마시고 산신각도 들러 조사당을 찾고는 산기슭 좋은 자리에 모신 승탑과 탑비를 본다. 그리고 본절과 맥이 닿는 다른 자리에 아담한 모습으로 들어선 암자를 찾는다.

갖추어진 절은 대체로 이런 모습이다. 이렇게 절을 둘러보며 만나는 조형물들을 지면에 담아 그 의미를 새기고자 한 것이 이 책의 뜻이다. 간간이 그 장면에서 오는 느낌을 적기도 하였지만 주로 사실을 소개하는데 치중하고 거기서 얻는 느낌은 읽는 사람의 몫으로 남겨두었다.

이 책을 통해 그동안 알고 있던 절에 관한 생각을 다시 확인하고 절에 대한 좀더 바른 이해를 갖게 되기를 기대한다. 여린 초록의 싱그러운 봄날과 푸른 숲과 맑은 물이 풍성한 여름 산사, 오색 고운 단풍의 가을과 흰눈으로 덮인 겨울 산사의 명징한 기운. 이런 좋은 철마다 좋은 절을 찾아 그 청량한 기운을 음미했으면 한다.

절은 우리 전통문화가 고스란히 살아 있는 현장이다. 종교적인 뜻에서 찾는 사람들이 아니더라도 수많은 사람들이 절을 찾는다.

그저 산이 좋아 산에 오르다보면 대개 가장 알맞은 자리에 가장 적절한 모양새로 자리잡은 산사를 만나게 된다. 혹은 세파에 찌든 심신을 잠시 쉬고자 산사를 찾는 사람도 있고 건축이나 조각 회화 공예 등 전통문화를 탐구하는 길이 자연스레 사찰로 발길이 이어진 경우도 많다.

혼자서 절을 찾아 그냥 절을 둘러보면 말이 필요 없이 절 그 자체를 살아 있는 문화의 현장으로 만날 수 있다. 그래도 이 건물은 왜 여기에 있으며 왜 이런 이름이 붙여졌는지, 저 석물은 또 왜 저기에 저런 모양으로 있는지를 안다면 절을 보는 느낌은 사뭇 달라진다.

이 책은 우리가 지금 찾을 수 있는 절의 모습을 대상으로 삼았다. 처음 절을 가는 사람은 물론 무심히 절에 가던 사람들도 절을 구성하는 구조물과 그 의미를 간단히 살펴보도록 한 것이다.

처음에는 이름난 큰 사찰을 대상으로 전체의 구도와 각 전각 그리고 그 안에 담긴 장엄물들을 직접 보며 그 뜻을 살펴보는 구상을 했다. 풍광이 빼어난 소백산의 부석사도 좋고 도회 사찰로 구성이 치밀한 서울의 봉은사도 좋다. 그러나 한 사찰을 대상으로 돌아볼 경우 미진한 부분도 있고 단조롭게 된다. 그리고 늘상 찾는 보통 절 모습과 연결될 수 있어야 했다. 그래서 전각이나 장엄물 등 사원을 이루는 구성물 하나하나를 견주어보며 가장 빼어난 곳을 모아 엮었다.

30년 동안 가헌 선생님을 모시고 순례했던 여러 절의 기운이 이 책을 이룰 수 있도록 했다. 누구보다 절 찾기를 좋아하는 처와 애들과 찾은 절 사진도 도왔다. 그리고 학생들과 찾은 사진도 중요한 부분에 자리잡고 있다. 이런 여러 인연과 그 인연이 시작될 수 있도록 절을 이루고 가꾸어온 수없이 많은 여러분들의 손길이 함께 어울려 이 책을 엮을 수 있도록 하였다. 이 중중무진의 인연을 이루어준 분들께 두루 감사드린다. 처음에 이 책을 제안해주신 김순진 선생과 오랫동안 어려운 편집을 맡아주신 이명희 선생께 감사드린다. 그리고 자료 정리를 도와준 대학원의 박윤선 김지원에게 고마움을 표한다.

2003년 6월 17일
청파동 서실에서 정병삼

차 례

• 머리말 • 5

1장 절을 찾아서
절에 들어서며 • 14
평지 가람과 산중 가람 • 20
우리 사원의 변천 • 26

2장 문과 문을 지나
휘날리는 당간 • 34
세간과 출세간이 둘이 아닌 일주문 • 44
불국토의 수호자 천왕문 • 50

3장 부처의 마당
누각에 올라 경관을 돌아보며 • 60
온 세상을 울리는 사물의 음성 공양 • 66
부처의 숨결을 간직한 탑 • 76
미망을 밝히는 지혜의 등 • 88

4장 부처의 자리
부처를 우러러 대하는 자리 법당 • 96
삼세불 · 삼계불 그리고 삼신불 • 124
부처와 형상 • 130
그림으로 나타난 부처 • 144
신중탱과 감로탱 • 148
부처를 모신 자리 • 154
한눈에 보는 가르침 벽화 • 166

5장 부처의 나라
붓다의 자리 영산회상 대웅전 • 178
진리의 나라 비로전 • 184

이상의 세계 극락전 • 188
질병과 고통의 해방 약사여래 • 194
미륵불 그리고 수많은 부처 • 198
삼불의 전당 보전 • 202

6장 보살도의 길

대자대비의 관음전 • 206
지옥과 극락을 오가는 지장전 • 212

7장 기도와 바람

산신각과 독성각의 기도 • 230
생명과 안전의 기원 칠성각 • 236

8장 부처와 제자

붓다의 삶과 가르침 – 팔상전 • 244
위대한 스승을 따라서 – 영산전과 나한전 • 264
십대 제자의 탁월한 수행 • 270
존경을 받을 성자 십륙 나한 • 276

9장 수행과 일상

보리심을 다지는 자리 – 강원 • 284
참 나를 찾는 수행터 – 선원 • 288
수행과 생활의 자리 – 요사채 • 292
작지만 큰 자연 – 암자 • 304

10장 몸은 가고 자취만 남아

훌륭한 선지식의 전통 – 조사전 • 312
스승의 향기 승탑과 비림 • 316

• 인도와 중국의 사원 • 326
• 절을 되돌아 나서며 • 340
• 찾아보기 • 347

탑/비

암자

영산전

관음전

요사채

범종각

寺刹

여린 초록의 싱그러운 봄날과 푸른 숲과 맑은 물이 풍성한 여름 산사, 오색 고운 단풍의 가을과 흰눈으로 덮인 겨울 산사의 명징한 기운. 이런 좋은 철마다 좋은 절을 찾아 그 청량한 기운을 음미했으면…

1장 ─ 절을 찾아서

절에 들어서며
평지 가람과 산중 가람
우리 사원의 변천

화엄사골

겨울 지리산을 오른다. 저 멀리 머리에 쌓였던 눈을 반쯤 녹인 화엄사가 나타난다. 절을 쳐다보며 내 마음을 가다듬고 한 걸음씩 걸음을 옮긴다.

절에 들어서며

사원은 승려들의 수행과 신자들의 예배, 그리고 의식이 집행되는 종교공간이다. 그동안 천 육백 년 넘는 오랜 세월을 우리 문화와 함께 자리해 왔던 불교의 특성으로 지금의 한국 사원은 우리 전통문화를 간직하고 있는 가장 대표적인 곳이 되었다. 그래서 우리가 의식하지 않아도 우리 곁에 언제나 가까이 하고 있는 것이 절이다.

절에 가면 무얼 보고 어떤 생각을 해야 할까? 그것보다도 어떤 절에 가는 것이 좋을까?

우리 산천 어느 곳에든 절이 없는 곳이 없다. 그러나 가서 마음 편한 곳, 이곳은 사람마다에게 다르게 찾아온다. 때에 따라 심사에 따라 다르기도 하다.

일단 절을 찾는다. 마음 내키는 대로 한번 둘러보고 쉬어 간다. 그런 다음에 다시 절을 쳐다보며 절에 담긴 하나하나의 뜻을 새겨보는 기회를 갖자. 절을 찾아가는 길은 이렇게 시작된다.

아름다운 금수강산을 터전으로 살아온 우리에게 산은 생활의 원천이자 믿음의 바탕이었다. 국토 곳곳에 드높이 솟은 산은 그 넓은 품으로 사람들의 마음을 어루만져 주었고, 계곡마다 서린 정기는 사람들이 산을 신성한

직지사 봄길 __ 따뜻한 봄소식이 먼저 물씬 묻어나는 곳도 절이다. 직지사 옛 일주문으로 향하는 길에 봄꽃이 만발했다.

곳으로 여기게 했다. 그래서 우리는 예로부터 산악 숭배 관념이 지대한 영향력을 가지고 있었고 일찍부터 신성한 곳으로 믿어지는 산에 제사를 드리기도 하였다.

이런 마당에 불교가 수용되었다. 처음에는 사람들이 모여 사는 도회 중심으로 사원이 만들어졌다. 그리고 점차 경치 수려하고 수행하기 알맞은 산으로 들어가기 시작했다. 그래서 이름난 산에는 으레

부석사 여름산 __ 소백산 줄기가 벋어 내린 자락에 부석사가 앉았다. 푸르름이 온 절을 감싸 한창 피어나는 생명력을 툭툭운다.

산의 형세에 걸맞는 대찰이 경영되기 마련이었다. 이렇게 하여 지리산·가야산·팔공산·북한산·오대산·금강산·묘향산 어느 곳이든 명찰이 없는 곳이 없게 되었다. 사람들은 풍광 좋은 산을 찾아 자연의 품에 안기고 이는 곧 사원을 찾는 발길이 되었다. 지리산의 화엄사, 가야산의 해인사, 묘향산의 보현사, 이렇게 명산과 명찰은 사이 좋은 짝이 되었다.

송광사 가을산 ― 낙엽이 곱게 물든 포근한 산자락이 법당 지붕선에 걸려 아늑한 분위기를 연출하는 운치 있는 가을 산사.

법주사 마당 __ 깊은 산중에 마련된 드넓은 품 안에 산자락을 뒤로 물리고 큰절 마당이 담겼다. 산중 가람이지만 넓은 대지를 갖추었다.

평지가람과 산중가람

처음에 사원은 도성에서 시작되었다. 불교가 처음으로 알려져 수용된 곳이 나라의 수도였고, 따라서 사원도 당연히 도성에 만들어졌다. 평양과 부여와 경주에 세워졌던 고구려의 금강사, 백제의 정림사, 신라의 황룡사가 곧 그것이다.

사원들은 도성을 화려하게 장식하였고 이는 지방에도 점차 확산되었다. 그리고 찾아든 곳이 산중이었다. 산중에 정기가 서려 있다는 우리 풍습에 더하여 수행에 적절한 환경이 있기 때문이다. 고려 때까지만 하더라도 도성의 사원이 중심을 이루었다. 개경의 영통사·현화사·연복사 이런 대찰들이 장려한 모습으로 사람들의 발길을 불러모았다. 그러나 조선시대에 들어 사원을 대대적으로 도태시키자 사원은 도심에서 터전을 유지하지 못하고 산중 명찰이 수행과 신앙의 중심 역할을 해나갔다.

무량사 마당 __ 날렵한 석등과 장중한 탑과 우람한 금당이 나란히 어울려 서서 탑 하나에 법당 하나를 짝지은 1탑 1금당식 가람배치를 보여주는 무량사.

실상사 마당 __ 석등을 가운데 두고 2개의 단정한 탑이 나란히 서 있는 뒤로 법당을 배치한 쌍탑식 가람배치의 실상사. 절이 자리잡은 입지와 여건에 따라 적절하게 1개 또는 2개의 법당을 조화시켰다.

도심의 불상과 고층건물 _ 거대한 미륵 불상이 도심의 현대식 초고층 빌딩 사이에서 기세를 겨루는 봉은사 마당.

옛 절터 __ 법당과 요사채와 같은 목조 건물은 모두 사라지고 탑과 승탑 탑비 등 석조 유물만 남은 통일신라시대 선림원 절터.

해인사 __ 팔만대장경을 봉안한 장경각을 품고 있는 진리의 상징 법보 종찰 해인사 전경.

우리 사원의 변천

우리나라에는 고구려 소수림왕 2년(372)에 전진으로부터 불교가 처음 수용된 후 375년에 성문사省門寺와 이불란사 伊弗蘭寺를 지어 순도順道와 아도阿道를 머물도록 한 것이 사원창건의 시초이다. 백제는 이보다 조금 늦은 침류왕 원년(384)에 동진으로부터 불교를 받아들여 385년에 한산漢山에 사원을 창건하고 마라난타摩羅難陀를 머물도록 하였다.

고구려는 도읍을 평양으로 옮긴 후 여러 사원을 창건하여 불교를 널리 폈는데, 금강사金剛寺와 같은 고구려의 사원은 8각탑을 중심으로 금당이 3개 둘러 서 있는 1탑 3금당식의 구조를 이룬다. 백제는 옮긴 도읍지에 공주의 대통사大通寺나 부여의 정림사 등 여러 절을 창건하였다. 익산의 미륵사彌勒寺는 미륵사상에 따라 금당과 탑을 3개씩 경영한 독특한 구조를 보이지만 일반적인 백제 사원은 부여 정림사定林寺에서 보듯이 중문과 탑과 금당이

미륵사 __ 3개의 탑과 3개의 금당과 하나의 강당으로 가람을 구성하여 미륵회상을 구현한 백제의 최대 사찰 미륵사의 복원 모형. 미륵이 3회에 걸쳐 설법하여 중생들을 교화한다는 경전내용에 따라 3탑 3금당의 독특한 구조가 되었다.

일직선상에 배치되는 1탑 1금당식의 가람구조이다.

신라는 지증왕 때 고구려의 전도승들이 선산 지방에 와서 토굴을 지어 전도 활동을 하였으니 이것이 사원형태의 시작이며 곧 도리사의 원터이다. 법흥왕 14년(527)에 이차돈異次頓의 순교를 계기로 흥륜사興輪寺를 창건하여 불법을 공인한 후 경주를 중심으로 수많은 절을 창건하였다. 경주의 황룡사皇龍寺는 처음에는 장대한 4각 9층탑을 세운 1탑 1금당의 구조였으나 후대에 확장되어 금당 셋이 나란히 자리잡은 구조로 바뀌었다.

삼국통일 후 사천왕사와 감은사에서는 2개의 탑이 금당 앞에 나란히 있는 쌍탑식 가람구조를 보이기 시작하였다. 이후 우리나라 가람 구조는 지

황룡사 __ 하나의 거대한 9층목탑에 금당 하나를 세웠다가 나중에 금당 좌우로 2개의 금당을 더 세운 신라 최대의 사찰 황룡사의 복원 모형. 국력을 기울여 9층탑을 세워 나라를 보호하겠다는 염원이 서린 절이다.

형 여건에 따라 1탑 1금당 또는 쌍탑식의 가람구조가 적절하게 운용되어 각기 사찰의 독특한 면모를 이루게 되었다. 대표적인 사원인 불국사는 대웅전 구역을 중심으로 극락전 구역 등 여러 구역이 모여 이루어진 복합 구조이다. 그 중에서 대웅전 구역은 석축을 쌓아 마련한 기단부를 돌계단을 통해 오르면 중문이 나서고 이어 좌우 쌍탑과 석등, 그리고 대웅전이 자리하고 그 뒤로 강당이 있는데 각 건물 사이를 회랑으로 연결한 구조를 보인다.

고려에 들어서도 사찰의 창건과 운영은 지속적으로 이루어져 태조가 개경에 9사를 창건한 것을 비롯하여 수많은 사찰이 세워졌다. 수만을 헤아리던 고려의 사찰은 조선에 들어 불교 교단을 크게 위축시키고 사원을 축소

통도사 — 석가모니의 진신사리를 봉안한 금강계단이 있는 불가의 종가 불보 종찰 통도사 전경.

송광사 __ 16국사를 배출하여 승가 수행의 터전으로 꼽히는 승보 종찰 송광사 전경.

시키는 정책에 따라 선교 양종 36개 사만이 인정되었다. 그러나 실제로 사원은 곳곳마다 터전을 잃지 않고 유지되었던 듯 중종 때(1530) 편찬된 인문지리서인 『신증동국여지승람』에는 1,712개의 사찰이 실려 있다. 조선 중기 이후 사찰은, 이름은 유지하고 있었으나 황폐한 지경을 벗어나지 못하였고 거기에 더하여 임진왜란을 맞아 많은 사찰이 불에 타는 등 큰 피해를 입었다. 그러나 임란이 끝나고 이내 복구 중창되어 현재 우리가 찾을 수 있는 사원의 대부분이 이때 다시 건축되었다. 그래서 조선 후기의 읍지에서는 1,942개의 사원을 찾을 수 있고 이 추세는 근대 시기까지 지속되었다.

2장 ― 문과 문을 지나

휘날리는 당간
세간과 출세간이 둘이 아닌 일주문
불국토의 수호자 천왕문

선암사 홍교 _ 산사를 찾으면 개울을 이러저리 건너게 된다. 외나무다리도 운치 있고 둥그렇게 쌓은 돌다리는 더욱 멋을 풍긴다. 선암사 홍교에 담긴 개울가 누각이 멋들어진 정취를 자아낸다.

휘날리는 당간

신록의 싱그러움이 나그네를 맞는 봄의 산사를 찾는다. 겨울의 산사가 정신이 번쩍 들게 하는 차가운 바람으로 머리를 씻어주는 기운이라면, 봄의 산사는 새롭게 기운을 북돋우는 활력을 불어넣어 준다. 여름의 산사는 따가운 햇볕과 흐르는 땀을 쫓아내는 청량함이며, 가을의 산사는 단풍과 낙엽이 교차되며 자연의 변화를 통해 무상함을 보여준다.

'산 빛이 어찌 부처의 청정한 법신이 아니랴山色豈非淸淨身'고 읊었던 소동파蘇東坡의 시가 저절로 생각난다. 대지에 충만한 생명의 역동성을 온몸으로 느끼며 절에 오른다. 산사를 찾아 산기슭에 이르면 먼저 물을 만나게 된다. 개울물을 몇 차례 만나고 헤어지다 보면 어느새 산사의 향기가 배어 나오는 지경에 이르게 된다.

개울을 돌아 오르다 만나는 길목마다 다리가 서

문과 문을 지나 | 35

관룡사 장승 __ 다리를 돌아보며 산길을 오르노라면 반갑게 맞이하는 산의 지킴이가 서 있다. 절 어귀의 장승은 한쌍으로 짝을 이루어 구수한 얼굴로 나그네를 맞는다.

있다. 물결을 넘는 능파교凌波橋나 신선이 하늘로 올라간 듯 승선교乘仙橋는 절 가까이가 아니더라도 볼 수 있지만 이 다리를 건너면 티끌을 모두 씻어내는 세진교洗塵橋나 극락세계에 접어드는 극락교極樂橋는 절에 다가서야만 만날 수 있다.

    다리를 만나면 시원한 물소리를 들으며 한숨 쉬어가고 싶은 생각이 절로 든다. 그래서 다리 위에 누각을 마련한다. 능파각도 좋고 시원한 청량각淸凉閣도 좋다. 한결 세속의 소란함이 떨어져나간 듯싶다. 이렇게 흙길을 여유있게 걸으며 개울의 물소리에 귀를 기울인다. '시냇물 소리가 곧 부처의 설법이라溪聲便是廣長舌'는 소동파의 구절은 콸콸 굽이치는 물보다 나지막하게 시냇돌을 어루만지며 흐르는 개울에서 더 그럴 듯하게 다가온다.

다리를 건너고 또 건너 절 어귀에 이르면 또 몇 개의 문을 지난다. 먼저 만나게 되는 첫 문이 산문山門이다. 요즘은 찻길을 뚫어 웅장한 모습의 산문을 달리는 차 안에서 보고 지나는 경우가 많아 분간하기가 쉽지 않다.

우리 마을을 지켜주던 장승이 절 어귀에서 반기는 곳도 있다. 개울을 건너면 반갑게 맞이하던 동네 할아버지 같이 인자한 실상사 장승이 그렇고, 숲길 중간에 쉬어 가게 마련된 관룡사 장승의 투박한 얼굴이 그렇게 찾는 이를 반긴다. 대개는 남녀 짝을 이루어 길 양편에 서서 손님을 맞는다.

이어 절마을로 들어서서 절이 보일듯 하면 높다란 당간幢竿을 만난다. 당간은 이곳이 사원임을 알리는 깃발인 당幢을 매단 깃대이다. 지금은 당을 매단 곳은 찾아볼 수 없다. 나무로 만들어 사용하던 것은 모두 없어지고, 철제 당간이 갑사·칠장사 등에 남아 있을 뿐이다. 대부분의 오래된 사원에는 당간은 없어지고 이를 받쳐주던 당간지주幢竿支柱만 남아 있는 경우가 많다. 두 개의 높다란 돌기둥을 별다른 꾸밈없이 곧추세워 그 사이로 당간을 세우던 지주이다. 하늘로 솟아 있던 당간도 휘날리던 당도 없지만 소박한 몸매로 서 있는 당간지주의 굳건한 모습은 오히려 오늘의 절을 찾는 우리에게 사원의 옛 모습을 나름대로 그려보게 만들어준다.

용두보당

고려시대에 만든 장식용 당간. 머리를 용으로 새기고 지주 부분을 든든하게 갖추어 여의주를 문 용머리에서 대좌에 이르는 고리를 만들어 당을 올리고 내린다.

갑사 당간

산의 정기가 유별난 계룡산 자락의 갑사를 옛길로 오르노라면 만나게 되는 당간. 쇠로 만든 통을 쌓아 올려 당간의 본모습을 보여주는 몇 안 되는 남은 유물 중에서 으뜸이다.

부석사 당간지주

가운데 세웠던 목제 당간은 사라지고 석제 지주만 남은 표정이 고찰에서는 오히려 친근하다. 하늘로 치솟아 휘날리는 깃발을 상상하면 옛절의 영화가 어렴풋이 떠오른다.

관룡사 석문 __ 크고 작은 돌들을 어울리게 쌓아올려 자그마한 문을 만들어 순례자들이 저절로 고개 숙이고 절 마당에 이르게 하는 석문의 비오는 날.

낙산사 홍예문 __ 성으로 둘러싼 일대를 사원으로 구성한 낙산사에 들어서자면 이런 운치 있는 무지개문을 지나야 한다.

내소사 가는 길

변산반도의 아름다운 절 내소사로 들어가는 길은 하늘을 가린
우뚝한 젓나무가 어깨동무하며 신선한 향기로 순례자를 맞는다.

개심사 오르는 길

서해 바다의 기운을 간직한 개심사로 오르는 옛길은 굽은 소나무가 이쪽저쪽으로 길을 돌려 이끌어 주는 운치있는 길로, 발 밑에 와 닿는 소나무 잎이 그윽한 솔향기를 풍긴다. 겨울에 이 길로 올라보면 흰 눈 속에 청량한 솔향이 마음을 개운하게 열어 준다.

화엄사 일주문 ― 하나의 기둥에 웅장한 구조의 문을 세워 문 밖과 문 안 이 둘이 아닌 경계임을 상징하는 일주문. 이 경내에 들어서면 세간의 온갖 다른 껍질을 모두 벗어버리고 한마음으로 진리의 도량에 다가서게 된다.

세간과 출세간이 둘이 아닌 일주문

사원 가까이에 들어서면 여러 개의 문을 거치게 된다. 일주문一柱門은 기둥이 하나라는 뜻이다. 실제로 한쪽에 기둥 하나씩 단 두 개의 기둥이 여러 겹의 공포로 짜 올린 화려한 지붕을 받치고 서 있다. 둥근 기둥 하나보다 기둥 위의 구조물이 훨씬 더 커서 쓰러져 내리지 않을까 염려스럽기까지 하다. 그러나 일주문은 태연하게도 오랜 세월을 그 자리에 요동도 없이 잘 서 있다. 지붕이 쏟아져 내리는 것인지, 보는 이의 마음이 그렇게 쓰러져 내린다고 생각하는 것인지, 육조대사의 깃발과 바람 이야기가 떠오른다.

일주문 앞까지는 아직 세간世間의 번뇌 망상이 왔다갔다하는 땅이다. 그러나 일주문을 들어서면 이제 본격적인 출세간出世間의 자리, 진리의 공간

송광사 육감정 __ 일주문을 지나 경내에 들어서면 물소리도 한결 듯이 깃든 것 같다. 물가에 다리를 담그고 서 있는 누각은 육근을 돌아보는 육감정의 이름을 달고 시원한 여름날 순례자에게 손짓한다.

이 시작된다. 성聖과 속俗이 나뉘는 자리인 것이다. 그러나 성과 속은 둘이 아닌[不二] 하나이다. 그러니 하나의 기둥이 제격일밖에 없다. 하나의 기둥은 또 문 바깥 세상에서는 어떤 부류의 사람이건 이 문을 들어서면 모두 평등한 불법에 들어와 일심一心으로 하나됨을 역설하고 있다.

범어사 일주문 _ 든든한 돌 기둥의 허리쯤부터 나무 기둥을 한 줄로 세우고 장엄한 문을 쌓아 올린 범어사 일주문의 위용.

내소사 전경 __ 문을 지나면 절의 온 모습이 드러나기 시작한다. 아늑한 산세에 어울리게 자리잡은 내소사에 연록색의 부드러운 싱그러움이 피어오르는 봄날 풍경.

송광사 천왕문 —

이제부터 시작되는 불국토는 내가 지킨다. 우리 세상의 바로 위 하늘에서 사방에 터를 잡고 불법의 수호를 다짐하는 건장한 체격의 사천왕 눈가에 위엄이 서려 있다.

불국토의 수호자 천왕문

일주문을 지나면 천왕문이 순례자를 맞는다. 천왕문天王門은 사천왕四天王이 서 있는 문이다. 사천왕은 불법佛法을 수호하는 외호外護 신중神衆이다. 비파를 든 동방 지국천持國天, 칼을 든 남방 증장천增長天, 용을 쥔 서방 광목천廣目天, 탑을 든 북방 다문천多聞天, 이 네 천왕이 이들이다.

불교의 세계관에서 사람들이 사는 곳은 수미산의 기슭에 있는 네 대륙 중 남쪽의 염부제閻浮提이다. 그 위 수미산 중턱에 사천왕이 머무르는 사천왕천四天王天이 있다. 사천왕은 사람들 세상과 가장 가까이 있는 하늘에서 수미산 정상에 있는 도리천(忉利天, 三十三天)의 주재자인 제석천을 도와 불법을 수호한다. 경전을 받아 지니고 공경하는 사람들과 국가를 보호하고 번영하게 한다고 한다. 사천왕은 바르지 못한 것들로부터 불법의 세계를 수호한다.

사천왕은 각자 한 방향씩 맡고 있고 각자 일정한 지물持物을 손에 드는 것이 보통이다. 동방을 맡는 지국천持國天왕은 건달바乾闥婆와 비사사毘舍闍를 시종으로 하며 손에는 비파를 드는 경우가 많다. 남방을 맡는 증장천增長天왕은 구반다鳩槃茶와 벽려다薜荔多를 시종으로 하고 손에는 칼을 든다.

동방 지국천

남방 증장천

서방 광목천

북방 다문천

송광사 사천왕상

서방을 맡는 광목천廣目天왕은 용과 부단나富單那를 시종으로 하고 손에는 용을 잡고 있다. 북방을 맡는 다문천多聞天왕은 야차藥叉와 나찰羅刹을 시종으로 하고 손에는 보탑寶塔을 드는 경우가 많다.

천왕문을 지나면 금강문을 만나는 수가 있다. 금강문金剛門은 좌우의 금강역사金剛力士, 곧 인왕仁王이 역동적인 자세에 부릅뜬 눈으로 수호를 다짐하는 문이다. 한번 더 불법의 수호를 다짐하며 불법의 자리에 오르기 위함이다.

개울가에 붙여 자리잡은 사찰에서는 개울을 건너는 다리를 지나 본당에 이르게 된다. 송광사의 장중한 일주문을 들어서면 아름다운 무지개다리 능허교凌虛橋 위에 가뿐하게 서 있는 우화각羽化閣이 순례객을 맞는다. 누각에 앉아 아래로 흐르는 물소리도 깨끗한 개울을 바라보며 그새 팍팍해진 다리도 쉬고 땀을 훔치면서 다시 순례의 자세를 가다듬는다.

능허교에 걸터앉아 위로는 침계루枕溪樓 곁으로 깊어 가는 골짜기를 바라보고, 아래로는 멋들어진 임경당臨鏡堂을 내다본다. 침계루, 큰 건물을 시내를 베고 있는 누각이라 붙인 이름도 운치 있지만, 본채에서 한 칸만 달아내어 두 발을 물 속에 담근 누각에서 자신을 비춰보라는 임경당이 산사의 운치를 한껏 북돋운다. 이렇게 한숨 돌리고 나서 천왕문으로 들어선다.

화엄사 인왕문 __ 사천왕을 지나 다시 금강역사 둘이 더욱 탄력적인 자세로 위용을 자랑하는 금강문에 이르기도 한다. 화엄사 인왕문에는 금강역사 뒤로 문수와 보현을 상징하는 듯 사자와 코끼리를 탄 동자가 자리하고 있다.

인왕상

인왕상은 입을 벌린 아상과 입을 다문 흠상이 서로 대칭되는 자세로 좌우 짝을 이룬다.

법주사 천왕문 __ 눈 쌓인 속리산에서 세속을 떠나지 못한 나그네의 눈길은 일주문을 지나자 맞는 천왕문에서 멈추고 그 안에 담긴 팔상전의 열린 마당에 가 닿는다.

3장 부처의 마당

누각에 올라 경관을 돌아보며
온 세상을 울리는 사물의 음성 공양
부처의 숨결을 간직한 탑
미망을 밝히는 지혜의 등

부석사 아래로 펼쳐진 경관 이제까지 쉬지 않고 올라온 걸음을 누각의 벽 없이 열린 공간에서 한번 되돌아보는 눈길에 발 아래로 펼쳐지는 경관이 더 없이 좋다. 특히 부석사 무량수전 앞마당에 전개된 줄기줄기 서리쳐 벋어가는 소백산 자락의 경관은 일품이다.

누각에 올라 경관을 돌아보며

개울 곁의 사찰이 무지개 다리를 건너 손짓하는 사이 산기슭에 자리잡은 가람은 시원스레 트인 누각이 손님을 맞는다. 몇 굽이 석단을 오르다 마지막 만나는 안양루를 지나 본당 무량수전에 오르는 부석사 도량이 그 대표적인 예이다. 아예 누각을 지나야 절마당이 널찍하게 펼쳐지는 봉정사도 마찬가지이다. 도심의 사찰도 다르지 않아서 거대한 법왕루 누각을 아래로 지나 대웅전 마당에 닿는 봉은사도 그렇다.

누각은 누마루에 올라, 올라온 길을 시원스레 돌아보는 전망이 일품이다. 부석사 안양루 누마루에서 저 아래로 굽이굽이 용의 꼬리가 헤엄치는 소백산 줄기의 장엄한 정경을 한눈에 품는 맛이 누각의 절정이다.

개암사 전망 __ 우뚝 솟은 산세를 등지고 알맞은 크기로 자리잡아 자연과 조화를 이룬 개암사 대웅전. 처마선이 뒷산과 어울려 이루는 빼어난 조형미가 우리 절의 아름다운 특징이다.

불국사 청운교 __ 비탈진 터에 마련된 주 법당 마당은 한결 높이 쌓아 올린다. 정확한 구상에 따르되 자연석을 가지런히 채워 꾸밈새를 덜어내 높이 올려다보는 위엄을 줄인 불국사 돌축대를 보는 마음이 한결 푸근하다.

화엄사 전망 __ 안마당에서 한층 올라선 축대 위에 솟은 화엄사 각황전 2층 법당의 장엄한 아름다움도 주변 산세와 절묘하게 어울려 제자리를 빛낸다.

불국사 기단 __ 축대를 오르자면 계단을 놓아야 한다. 중간에 운치 있는 무지개를 만들어 넣어 오르는 발길을 숨 돌리게 하고 다리 아래로 흐르는 물길을 바라보게 여유를 둔 구성이 뛰어나다.

봉정사 누각을 지나 법당 마당에 이르는 길은 이렇게 좁은 누각 밑을 지나며 다시 한번 옷매무새를 다듬는 맘새를 갖도록 한다.

부석사 __ 열린 공간 누각의 아래를 지나 윗마당 법당에 이른다. 누각 통로에 담긴 부석사 무량수전과 안양루가 뒷산과 어울린 모습이 더욱 아름답다.

봉덕사종

쇳소리를 울려 지하의 중생에게 법음을 알리는 종 중에서도 가장 소리가 좋은 일명 에밀레종, 성덕대왕 신종.

온 세상을 울리는 사물의 음성 공양

부처의 진리의 말씀은 사람만 듣는 것이 아니다. 모든 중생은 다들 들어야 한다. 그래서 아침 저녁 예불 시간에 사물四物을 울린다. 범종梵鐘·법고法鼓·목어木魚·운판雲板의 사물이 있는 종루鐘樓가 범종각梵鐘閣이다. 범종각은 법당이 자리잡은 큰마당 한쪽에 있다. 종각이 따로 있기도 하지만 누각에 걸린 사물도 적지 않다.

양쪽으로 가죽을 대서 만든 법고는 지상의 온갖 중생을 나타낸다. 운판은 구름 사이를 휘저어 다니는 공중의 중생을, 물고기를 나무로 새긴 목어는 수중 중생을 대표한다. 쇳소리로 심금을 울리는 범종은 지하의 영혼을 포함한 모든 중생을 상징한다. 이 사물의 소리를 듣고 모든 중생이 불법의 이치를 알리는 부처의 원음圓音을 깨닫도록 한다. 동이 트는 새벽과 해지는 저녁마다 천상천하에 울리는 불음佛音이다.

송광사 종각 __ 절 마당에 들어서서 만나게 되는 종각에는 범종을 비롯하여 법고, 목어, 운판의 사물이 함께 자리잡아 아침 저녁으로 부처의 원음을 온누리에 울려 퍼지게 한다.

송광사 종각 법고 _ 가죽으로 만들어 지상의 중생들을 상징하는 법고. 저 깊은 곳에서 우러난 소리가 멀리 울려 퍼진다.

백양사 목탁 __ 목어를 줄여 어떤 자리에서든지 항상 구도자와 함께 하도록 만든 목탁. 항상 눈을 뜨고 있는 물고기를 상징하여 경책하는 뜻을 담았다. 목탁이 속이 비어 소리를 울리듯이 공한 마음으로 업장을 녹이고 중생을 받아들이라는 가르침을 읽는다.

불국사 목어와 운판 __ 수중의 중생들을 대표하여 물고기 형상을 하고 불음을 울리는 목어와 구름이 떠 다니는 공중의 중생을 상징하는 운판. 수중 용왕이 으뜸이듯이 물고기가 변해 용이 되라는 듯 용머리를 한 목어가 많다.

불국사 회랑 __ 법당과 여러 전각들을 이은 회랑. 벽면을 치지 않아 비를 피하고 구역을 나누는 역할과 함께 공간을 닫아두지 않고 개방성을 추구한 가람 구성의 한 모습.

불국사 대웅전 __ 부처의 자리 대웅전. 법당 중에 가장 보편적인 석가모니불을 봉안한 전각으로 여느 사원의 중심을 이룬다.

불국사 무설전 __ 예불을 위한 공간인 법당 곧 금당 밖에서 모임을 갖는 자리인 강당. 강의를 하지만 말에 얽매이지 말라는 무설전無說殿의 의미심장한 이름을 전각에 붙인 선인의 지혜가 빛난다.

낙산사 석탑

법당 문으로 살며시 내다보면 부드러운 윤곽선의 석탑이 마당에 묵묵히 서서 눈길을 받는 낙산사 원통전 앞의 석탑.

부처의 숨결을 간직한 탑

누각을 지나 만나는 으뜸 터전인 법당 마당에는 법당에 이르기 전에 먼저 탑과 석등이 서서 순례자를 반긴다.

탑塔은 붓다가 열반에 든 뒤에 다비하여 얻은 사리舍利를 봉안하여 세운 것이다. 법당 앞에 서 있는 탑은 붓다가 바로 그 곳에 자리하고 있음을 증명한다. 초창기부터 오래도록 신앙의 중심을 차지해 온 예배 대상이다.

처음에 목탑으로 시작되었던 우리나라의 탑 조영은 삼국시대 말기에 미륵사 석탑에서부터 우리 토양과 어울리는 화강암을 이용하여 석탑으로 바뀌었다. 이후 불국사 삼층탑에서 전형을 이룩한 석탑은 벽돌로 쌓은 중국의 전탑이나 나무 소재를 여전히 유지한 일본의 목탑에 비해 우리나라를 대표하는 탑으로 가람 마당마다 자리잡았다. 쌍탑일 수도 있고 단탑일 수도 있지만 어느 쪽에도 구애받지 않고 가람의 지형 여건대로 어울리게 조영되어 법당의 불상과 함께 또 하나의 신앙 중심을 이룬다.

탑의 평면은 땅을 본따 4각·6각·8각의 음수인 짝수로 구성된다. 하지만 올려 쌓는 층수는 하늘을 본따 3층·5층·7층·9층의 양수인 홀수로 이루어진다. 천지와 음양의 조화를 한바탕에서 풀어내고 있다. 단지 원만

부처의 마당 | 77

감은사 사리기 __ 외함을 사천왕의 부조로 장식하고 그 안에 전각형 내함을 마련하여 공교로운 조각으로 화려한 세계를 구성한 감은사 사리함.

감은사 사리병 __ 내함 속에 다시 넣은 사리를 직접 담는 수정 사리병.

쌍봉사 대웅전 __ 지금은 대웅전 용도로 쓰지만 목탑 형식의 건물로 보기 드문 쌍봉사 대웅전.

수인 10층탑은 예외이다.

　대체로 4각 3층탑을 전형으로 하는 신라탑은 2단의 기단부 위에 탑신과 옥개석으로 구성된 한 층의 탑신이 3층 쌓이고, 그 위에 노반·복발·보륜·보개·보주로 구성된 상륜부가 얹어진다. 이런 정형 석가탑과 기단·탑신·상륜의 구성을 완전히 독창적으로 해석하여 오묘한 조화를 이룬 다보탑이 나란히 있는 불국사 대웅전 마당에서 그 가장 빼어난 조화미를 본다.

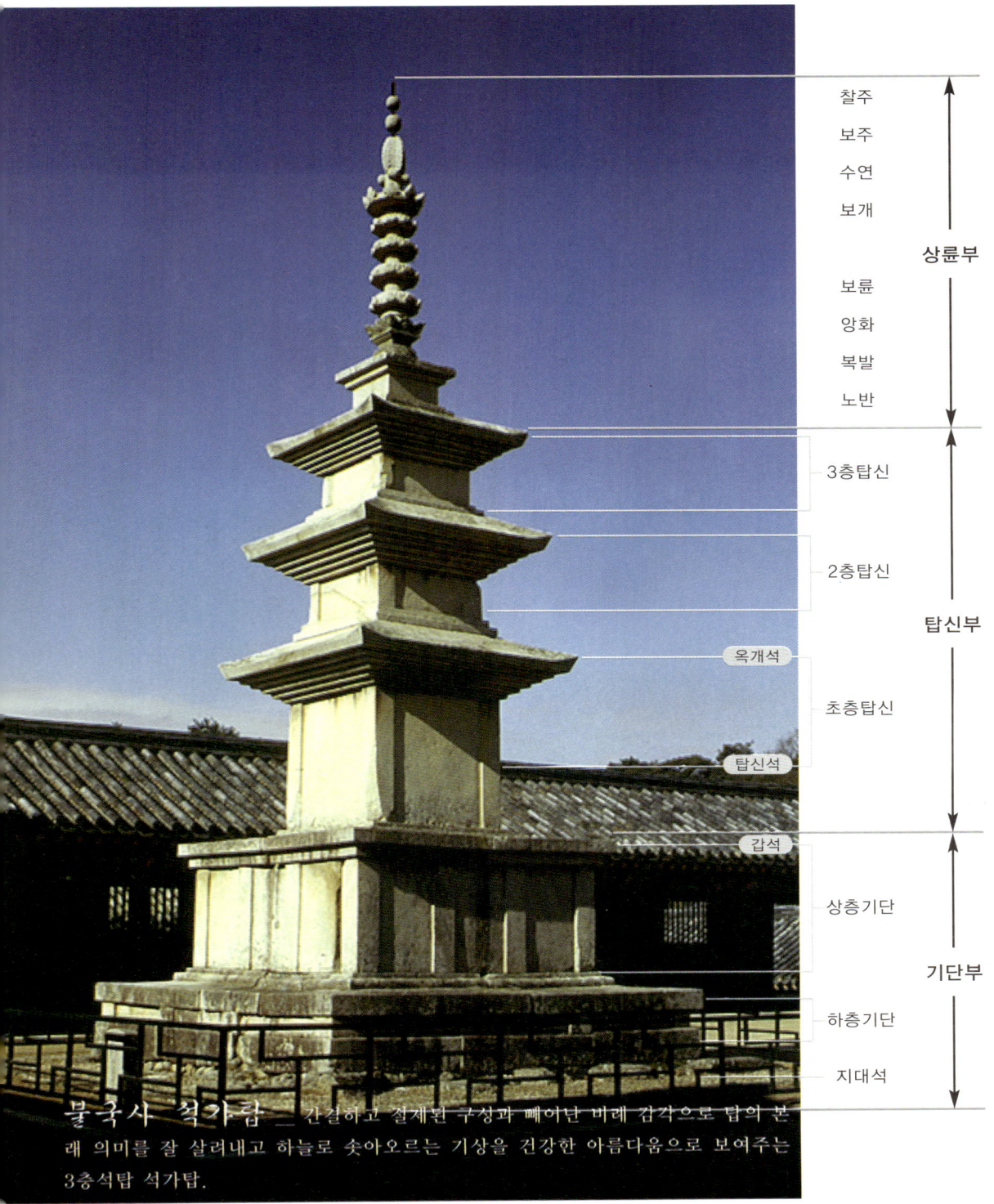

불국사 석가탑 — 간결하고 절제된 구성과 빼어난 비례 감각으로 탑의 본래 의미를 잘 살려내고 하늘로 솟아오르는 기상을 건강한 아름다움으로 보여주는 3층석탑 석가탑.

불국사 다보탑

기단 탑신 상륜부로 구성된 탑의 기본 구도를 벗어나지 않으면서 석가탑과 대조적으로 다양한 형상의 변화를 추구하여 불법의 다채로운 면모를 한눈에 보여주며, 보탑 가운데 상주하여 석가여래의 설법을 증명하는 다보여래를 표상한 다보탑.

오대산 보궁 __ 석가의 진신사리를 봉안한 통도사·정암사·법흥사·봉정암 등 보궁 중에서도 으뜸으로 치는 오대산 중대의 적멸보궁. 사리장치를 따로 두지 않고 언덕 자체를 부처의 몸으로 보아 천지에 두루 가득찬 존재를 상징한다.

　대개 2단의 기단부와 3층의 탑신부, 그리고 상륜부로 구성되었던 석탑은 신라 후기에 들어 기단부의 4면을 각각 2등분하여 생긴 8면에 팔부중을 새기고, 초층 탑신의 4면에는 불보상이나 사천왕을 새겨 장식하였다. 화엄사 5층탑처럼 하층기단에 12지상을 새겨 4천왕 8부중 12지의 일관된 체제를 갖춘 것도 있다. 탑 안에는 부처의 사리를 봉안하였으니 이를 수호하기 위한 수호중을 새기는 것이 마땅하다.
　팔부중八部衆은 사천왕에 버금가는 수호중인데, 사천왕을 보좌하는 팔부중보다 부처의 팔부중이 흔히 새겨진다. 부처의 팔부중은 천·용·야차·

통도사 계단戒壇 __ 신라 때 자장율사가 가져온 진신사리를 보장해 온 통도사 계단. 우리나라에서 진신사리를 모신 계단의 근본터이다.

건달바·아수라·가루라·긴나라·마후라가이다. 위엄 있는 용모와 더불어 아름다운 천상의 음악으로 부처의 진신을 수호한다.

   천天은 인도 신화의 데바가 불교에 수용된 것으로 선신善神의 역할을 맡는다. 용신龍神은 지상의 풍요를 상징하는 뱀의 이미지에서 나온 상상의 동물로서 불교설화와 연관이 많다. 야차夜叉는 인도 고대의 수신樹神인 약차藥叉로서 숲에 살며 초자연적인 힘을 가진 두려운 귀신으로 묘사된다. 건달바는 인도 신화에서 하늘의 비밀과 진실을 아는 존재인데, 지상의 보배산중에 머무르며 하늘에 음악을 연주하는 일을 맡았다.

진전사탑
―
탑신이나 기단부에 불·보살·사천왕·팔부중·주악천 등을 새기는
신라 말 석탑의 한 전형을 보여주는 진전사지 삼층석탑.

진전사탑 동쪽면 __ 약사여래와 야차, 용상.

진전사탑 서쪽면 __ 아미타불과 가루라, 천상.

진전사탑 남쪽면 __ 석가모니불과 아수라, 건달바상.

진전사탑 북쪽면 __ 미륵불과 긴나라, 마후라가상.

진전사탑 불상과 팔부중상 __ 탑 4면의 1층 탑신에 불상 4구, 상층기단에 팔부중 8구를 각각 새겨 탑 안에 봉안된 사리의 부처의 법신과 보호하는 신중을 나타낸 조형물.

화엄사 사자탑 기단 비천 __ 비천은 음악을 연주하며 꽃을 뿌려 부처를 공양 찬탄한다. 4사자탑의 하층기단에는 면마다 비천상을 가득 새겨 탑의 장엄과 보호를 다짐한다.

화엄사 사자탑과 공양인 __ 탑신은 여느 탑과 다를 바 없지만 상층 기단부를 4마리의 사자가 탑신부를 머리로 받치도록 만든 화엄사 4사자석탑. 사자는 짐승의 왕으로 두려움이 없고 일체를 조복시키므로 부처의 상징으로 삼는다. 가운데 공양을 받는 인물상을 세워 안정감을 높이면서 석등과 짝을 이루어 하나의 이야기를 구성한다.

또한 윤회전생의 주체로서 욕계의 중유中有의 몸이 되기도 한다. 아수라阿修羅는 인도 최고의 신의 하나였다가 귀신 혹은 악마가 된 존재로서 혹은 선한 천으로서 혹은 귀신으로서 여러 가지 성격을 갖는다. 육도 중의 한 세계인 아수라도는 격렬한 싸움만을 일삼는 곳이다. 가루라迦樓羅는 금시조金翅鳥라고 번역되는데, 양 날개를 펴면 360만 리나 되며 용을 먹고산다는 인도 신화의 큰 새로 축생도에 들어가 보시를 행한 공덕으로 머리에 여의주

화엄사 석등과 공양상 __ 석등의 몸체는 다를 바 없지만 간주석을 인물상으로 변형하여 만든 화엄사 석등. 석등 속의 한쪽 무릎을 꿇은 인물이 탑 속의 인물을 향하여 공양을 올리고 받는 대응 형상으로 창조적인 기지를 발휘한 명작.

를 가진 수호신이 되었다. 긴나라緊那羅는 인비인人非人으로 번역되는데, 건달바와 함께 제석천에게 봉사하는 음악천音樂天이다. 마후라가摩睺羅伽는 사람의 몸에 뱀 머리를 한 악신樂神이다.

불국사 석등

불을 밝히는 석등의 역할에 충실하여 꾸밈 없이 소박한 불국사 대웅전 앞의 석등. 투박한 듯 뽑아 올린 간주석과 아무런 새김 없는 화사석이 옛맛을 더해준다.

미망을 밝히는 지혜의 등

깜깜한 어둠 속에 한 줄기 빛의 소중함. 고요한 산사의 밤을 밝혀주는 등燈은 어둠을 가시게 하는 역할이 먼저이지만 미망의 세계를 깨뜨리고 밝게 깨침을 여는 진리의 상징이기도 하다. 그래서 법당 앞에 등을 세워 도량을 밝히고 중생을 어둠에서 깨어나게 한다. 한밤의 적막함도 칠흑같은 어두움도 부처의 세계를 가릴 수는 없다.

등은 연꽃을 살짝 받쳐든 기단 위에 날렵한 간주竿柱가 시원스레 솟아나 석등의 본체인 화사석을 받는다. 화사석은 팔각이 어울린다. 네 면에 화창을 뚫어 불빛을 퍼져 나가게 하고, 나머지 네 면은 보살상도 좋고 사천왕도 좋은 새김을 넣어 조화를 이루기 좋다. 화사석 위에는 단정한 보주로 마무리한 옥개석을 얹어 간결한 매무새를 유지한다.

아무런 새김 없이 순박하게 서 있는 불국사 대웅전 앞의 석등에서 신라 석등 양식은 전형을 이룬다. 이보다 얼마 뒤에 세워졌을 부석사 무량수전 앞의 석등은 고운 보살상 새김과 부드러운 물매를 가진 옥개석의 조화가 일품이다.

석등은 큰 사원의 경우 법당 마당마다 세워져 불국사나 법주사처럼 한 사원에 여러 개의 석등이 있기도 한다.

부석사 석등

―

화사석의 네 면에 보살상을 새기고 옥개석의 물매를 부드럽게 하여
온화한 아름다움을 보여주는 부석사 무량수전 앞의 석등과 배례석.

법주사 쌍사자 석등

— 간꽃주석을 두 마리의 사자가 역동적인 자세로 서로 가슴을 맞대고 화사석을 받쳐 들고 있는 형상으로 만든 창조적 구상이 돋보이는 법주사 쌍사자 석등.

봉은사 연등 ＿ 사월 초파일 부처님의 탄신일을 맞아 절마다 오색 갖은 등을 켜고 인천의 스승이 오심을 두 손 모아 경축한다.

봉은사 백중등 _ 칠월 보름 백중에는 돌아가신 이들을 위해 하얀 등을 켜고 극락 왕생을 기원한다.

이제 중생의 어둠을 넘어 부처의 밝음으로 향한다. 부처의 마당을 지나면 부처의 자리가 반긴다. 주 법당은 절마다 다르지만 대웅전도 극락전도 비로전도 모두 부처의 자리이다.

4장 ─ 부처의 자리

부처를 우러러 대하는 자리 법당
삼세불·삼계불 그리고 삼신불
부처와 형상
그림으로 나타난 부처
신중탱과 감로탱
부처를 모신 자리
한눈에 보는 가르침 벽화

관룡사 용선대 본 절에서 아스라히 보이는 전망 좋은 곳 낭떠러지 위에 우뚝 솟은 바위가 있다. 듬직한 안모의 불상을 잘 갖춘 대좌 위에 모셔 절이 들어선 산 전체를 바탕으로 불신을 드러내고 있다.

부처를 우러러 대하는 자리 법당

부처가 앉는 자리 법당은 가장 웅장하고 화려한 본당이다. 세상의 영화를 떠났지만 중생의 마음을 다해 좋은 것을 모아 부처 앞에 올린다.

법당 건물은 화려한 공포를 쌓아 올려 불궁佛宮을 이룬다. 기초는 기단에서 시작한다. 터를 고루 다지고 주초를 마련한 위에 기둥을 받는다. 기둥과 기둥을 창방으로 이어 하부구조를 짜고 그 위에 공포를 놓은 위에 다시 대들보·도리·장여와 대공으로 상부구조를 짠다. 도리 위에 서까래를 올리고 기와를 얹으면 부처의 전당은 모습을 갖춘다.

부처의 모습을 보기 위해 오르는 계단은 정갈해야 한다. 그래도 소맷돌까지 밋밋하게 모실 수는 없다. 그래서 당초무늬나 태극무늬로 귀를 새기고 때로는 사자를 새긴 파격도 모셔본다.

남산 신선암

칠불암 바위 능선 꼭대기에 날아갈 듯 날렵한 자리를 마련하고 새긴 신선암 보살상의 자비롭고 원만한 자태. 발 아래는 낭떠러지라 좌대에 구름을 새겨 앉은 그대로 공중에 떠서 저기 토함산을 조망한다.

남산 상선암 __ 부처는 법당 안에만 있지 않다. 내 마음에도 불성이 깃들어 있어 부처 자리가 될 수 있고 앞 산의 바위같은 무정물에도 불성은 현현한다. 잘 생긴 바위마다 무정 중생을 쪼아 불상을 새겨 불성을 불어 넣는다. 거대한 산 구석구석에 부처의 자취가 서린 남산은 산 전체가 그대로 법당이요 부처의 몸이다. 큰 바위면에 몸체는 그대로 바위에 이어지고 얼굴 부분만 원만 상호로 새겨 불신을 만든 남산 상선암의 불상.

남산 칠불암 __ 바위 면에 삼존불을 새겨 야외 법당을 마련하고 그 앞에는 사방에 온 세상을 상징하는 사방불을 새긴 바위를 잇달아 모셔 칠불을 한자리에 모신 남산 칠불암.

용장사 석불

남산 정상에서 남쪽으로 내려오던 줄기가 정기를 맺어 우뚝 멈춘 자리에 남산 전체를 기단으로 불탑을 모시고 그 아래에는 역시 듬직한 바위 위에 고운 불상을 봉안하였다. 삼단의 대좌는 둥그렇게 마련하여 탑돌이하듯 부처를 따라 돌기 맞춤으로 조형하여 조화로운 불국세계를 이룬다.

석굴암

부처를 모시고 회중의 대중들이 누가 어떻게 자리잡아야 가장 짜임새 있고 원만한 회상이 될 것인지를 고려하여 세상에서 가장 아늑하고 아름다운 부처와 대중들의 회상을 이룬 석불사 석굴암.

거조암 영산전 ― 고려 말의 장대한 거조암 영산전 법당. 고려시대 건물에서 자주 볼 수 있듯이 한가운데 어칸만 정자살문을 달고 좌우 네 칸에 작은 세살창을 마련하였다.

불국사 대웅전 기단 __ 법당이 들어서는 첫번째는 주초와 기단을 튼튼하게 마련하여 기둥을 올리고 몸체가 설 수 있게 하는 것이다. 석재를 깨끗하게 손질한 기단이 정갈한 법당을 준비한다.

송광사 일주문을 오르는 돌계단 양쪽 머리에 사자가 한 마리씩 앉아 반긴다. 눈을 부릅뜨고 위엄으로 압도하는 사자가 아니라 송광사 선방의 참선하는 주인 모양새를 닮은 사려 깊은 표정이다. 이를 따라 대웅보전의 소맷돌에도 사자가 앉았다.

법당 마당에서 기단을 쌓아 전당이 세워진다. 장대석을 고르고 얌전하게 겹친 기단이 깨달음의 전당으로 인도한다.

전당의 앞 벽은 모두 창으로 열렸다. 본래 불상

통도사 대웅전 소맷돌 __ 마당보다 한 단 높게 법당이 올라가니 계단이 있어야 한다. 법당으로 올라가는 소맷돌에는 단정한 장엄이 들어선다.

을 봉안하여 예배하던 공간이던 금당金堂일 때는 어칸, 곧 한가운데만 문을 달고 그 양 옆 칸에는 세살창을 달며 나머지는 모두 벽으로 막았다. 이렇게 들어오는 빛이 바닥에 반사되어 본존불을 은은하게 비추었다. 봉정사 극락전에서 보는 것처럼 어칸에 판장문을 달거나, 부석사 조사당처럼 어칸에 2짝 띠살문을 달든지, 거조암 영산전처럼 어칸에 3짝 정자살문을 단 것이 그것이다. 부석사 무량수전은 앞쪽 다섯 칸이 모두 문살 분합문으로

봉정사 극락전 __ 우리나라에서 가장 오래된 법당인 봉정사 극락전. 전면을 모두 창문으로 내지 않고 가운데 어칸만 판장을 내고 양 협칸은 작은 세살창을 내어 볕이 스며들게 함으로써 법당 내부의 잔잔한 조명을 고려한 고려시대의 건축이다.

열렸지만 뒤쪽으로 돌아가면 역시 어칸에 판장문을 달고 양 옆 칸은 세살창, 그리고 협칸은 그냥 벽면인 것은 이런 유래를 간직한 것이다. 정자살문을 많이 달던 경향은 후대에 들어 장엄을 위해 꽃살문을 다는 경우가 많아졌다.

부처의 전당은 건축물의 부재마다 화려한 단청丹靑을 한다. 법당을 장엄하며 신성한 공간을 만들고 풍화로부터 보호하기 위해서이다. 부재 위치마다 단청의 종류도 다르지만 눈에 드러나는 중요한

봉정사 극락전 내부 __ 기둥 위에만 간결한 공포를 짜 올린 주심포식 법당의 천장은 목재 짜임이 그대로 드러난 간결성과 장엄미가 특징이다.

곳은 모두 비단같은 금단청錦丹靑을 한다. 기하학적인 직선과 곡선이 서로 겹치며 연출하는 화려한 세계는 끊임없이 이어지는 연기의 세계를 보여 주는 듯하다. 부재 사이에 생긴 작은 공간에는 특별한 주제화를 그려 넣어 법당에 운집한 구도자들의 교화를 돕는다.

수덕사 대웅전 __ 주심포식 맞배지붕 법당의 장엄한 멋을 잘 보여주는 고려 말의 수덕사 대웅전.

수덕사 대웅전 공포 __ 복잡하지 않은 부재를 알맞게 짜 올려 우아하면서도 건강한 장엄미를 보여주는 주심포 공포의 백미. 오랜 세월이 벗겨낸 단청 자국이 고풍스런 맛을 더해준다.

논산 쌍계사 대웅전 __ 다포식 팔작지붕 법당의 장려한 모습을 보여주는 조선후기의 논산 쌍계사 대웅전.

논산 쌍계사 대웅전 공포 __ 아름답게 조각한 부재를 겹쳐 쌓아 여러 겹의 공포로 화려하게 짠 다포식 공포. 기둥 위 뿐만 아니라 기둥과 기둥 사이에도 가득 공포를 올려 장엄을 더한다.

부석사 무량수전 기둥 공포 —
기둥의 아래쪽으로 점점 굵어지다 마지막에서 다시 가늘어지는 배흘림기둥을 가장 멋들어지게 구사한 부석사 무량수전의 귀기둥과 공포 짜임새.

선암사 석가상 __ 대웅전에 석가모니불 한 분만을 봉안한 법당. 이 세상에 태어나 수행 끝에 부처가 되어 우리들에게 진리의 말씀을 설하고 열반에 드신 위대한 자취를 기리는 대웅전의 주불 석가모니불.

개암사 대웅전 내부공포 _ 다포식 구조의 법당 안쪽은 드러난 공포의 구조물과 정교한 조각으로 인해 더욱 화려한 모습을 연출하여 부처의 자리를 장엄한다.

봉정사 대웅전 __ 대웅전의 가장 보편적인 모습으로 가운데 석가모니불과 좌우 문수와 보현보살을 봉안한 법당.

전등사 대웅전 삼계불 __ 석가모니불을 중심으로 약사여래와 아미타불을 봉안한 대웅전의 모습. 꽃으로 장식한 불단 위에 인자한 표정의 삼존불이 좌정해 있고 그 뒤로 영산탱 후불탱화가 모셔졌으며, 불상 위로는 용과 극락조가 노니는 화려한 천개가 있는 장엄한 영산회상. 대웅전은 본래 석가와 문수·보현의 삼존불을 봉안하지만 이곳처럼 석가·약사·미타의 세 분 부처를 모신 경우도 많다.

화엄사 대웅전 삼신불 __ 비로자나불을 중심으로 노사나불과 석가모니불을 봉안한 대웅전 내부. 진리의 상징인 청정한 법신 비로자나불을 중앙에 모시고 수행의 과보를 보여주는 원만한 보신 노사나불과 세상에 모습을 나타내 보여준 천백억의 화신 석가모니불이 한자리에 모인 삼신불 법당.

송광사 대웅보전 삼세불 __ 석가모니불을 중심으로 연등불과 미륵불을 봉안한 대웅전의 모습. 오늘 우리를 이끌어주는 석가모니불 좌우로 과거 연등불과 미래 미륵불을 나란히 모셔 영원한 진리의 도량이 과거부터 전해와 현재 가르침을 주고 미래에도 길이길이 이어갈 것을 상징하는 자리.

부석사 무량수전 미타상 __ 아미타불 한 분만을 봉안한 무량수전. 우리가 가고 싶어하는 세상, 온갖 즐거움만 있고 윤회의 수레바퀴를 벗어버린 극락세계의 주불 아미타불.

천은사 극락전 삼존불 __ 아미타불을 중심으로 관음과 세지보살을 봉안한 극락전의 모습. 지극한 즐거움만 있는 세상 극락에서 중생들을 맞아주는 아미타불과 관세음·대세지보살의 이상세계 극락전.

무위사 극락전 삼존불 __ 아미타불을 중심으로 관음과 지장보살을 봉안한 극락전의 모습. 아미타불과 관음·지장의 삼존불과 정갈한 장엄미의 천개와 미타 삼존 후불벽화가 극락회상을 연출한다.

전등사 주련 __ 법당에는 기둥마다 주련을 달아 깨달음의 세계에 들어오고자 하는 순례자를 일깨운다.

금빛을 발하는 부처님을 모신 사원의 중심 건물이라고 풀이할 수 있는 금당에서 언제부터인가 법당으로 이름이 바뀌었다. 진리로 충만된 곳이라는 법당法堂은 선종이 일어나 널리 쓰이게 된 말이다. 대중이 모여 법회法會를 열고 수행하는 공간인 법당이 된 것이다. 본래 강당을 법당이라고 불렀으나, 선종의 흥성과 함께 강당을 따로 두지 않고 불전 안에서 예불과 법회를 여는 것이 일반화되면서 나타난 현상이었다.

예배를 위한 전당이던 금당은 바닥에 전돌을 깔아 불상을 돌며 예배하도록 되어 있었다. 봉정사 극락전이나 부석사 무량수전, 수덕사 대웅전, 화엄사 각황전에서 그 모습을 볼 수 있다. 불상 앞에서 행하는 의식이 발달하고 불전 안에서 여는 법회가 많아지면서 불전 바닥에 마루를 깔아 모임을 치

를 수 있게 하였다. 고려 말부터의 일이다.

  건물 안에는 앞쪽의 예불과 법회 공간을 확보하기 위해 뒷편으로 물려 후불벽을 치고 불단을 시설한다. 기둥을 세우고 올린 공포는 화려하고 장엄한 다포계가 주류를 이룬다. 기둥 사이마다 2, 3개씩 공간포空間包가 더 시설되어 장식 효과를 더하는데, 외부 공포는 주두와 소로 첨차를 연꽃형으로 하여 마치 연꽃이 올라가면서 겹겹이 피어 있는 형상을 재현한다. 지붕을 받치는 요소들을 연꽃·용 등으로 장식한 것은 법당 지붕을 부처세계의 하늘로 상징화하려는 것이다. 내부에서는 용두와 날개를 편 극락조를 조각하고, 전면과 충량에서 돌출된 여러 개의 용두는 장엄한 효과를 연출하며, 용두는 봉황과 어우러져 천상 세계를 재현한다. 소란반자로 짠 천장을 가설하여 지붕 가구를 드러나지 않게 한다. 벽과 천장이 직각으로 만나 형성된 내부 공간은 편안한 분위기를 만든다.

대승사 창문

부처가 계신 자리는 드나드는 문도 화려하고 장엄하게 꾸민다. 간단한 문살보다는 매듭마다 하나하나 꽃을 새긴 화려한 꽃살문이 제격이다.

내소사 창문 __ 창문마다 다른 무늬의 꽃살문으로 장식한 내소사 대웅보전. 빛 바랜 단청이 더욱 품격 있는 정취를 만든다.

내소사 창문 __ 법당 안쪽에서 바라본 꽃창살의 차분한 아름다움.

송광사 대웅보전 삼세불 오늘 우리를 이끌어주는 석가모니불을 중심으로 과거 연등불과 미래 미륵불을 나란히 모셔 영원한 진리의 도량이 과거부터 전해와 현재 가르침을 주고 미래에도 걸어길이 이어질 것을 상징하는 자리.

삼세불·삼계불 그리고 삼신불

법당은 봉안한 주불主佛에 따라 몇 가지로 나뉜다. 과거 가장 오래된 부처로서 석가모니 붓다의 성불을 예언하여 수기授記를 준 연등불(燃燈佛, 定光佛)과, 현세에 실제 모습을 보여 수행하고 성불한 석가모니불과, 미래에 성불하여 중생 구제를 펼 미륵불이 삼세를 대표한다. 삼세불三世佛 관념이다.

시간적으로 많은 부처의 존재를 상정하는 것에 더하여 공간적으로 한 시대에 많은 수의 부처가 있다는 생각도 생겨났다. 우주에 존재하는 모든 세계에 과거, 현재, 미래 할 것 없이 언제나 수많은 부처가 동시에 존재하고 있다는 시방삼세제불十方三世諸佛 사상의 출현이 그것이다.

시방삼세제불 중에서 지금 우리가 살고 있는 무대인 현세와 그곳에 가기를 열망하는 이상적인 세

직지사 대웅전 삼계불 __ 우리에게 제일 절실한 부처를 한 자리에 모신 직지사 법당. 중앙 석가여래를 동방 약사여래와 서방 아미타불이 좌우로 보좌하여 세 세상이 한마당에 재현된 자리에 순례자를 초대한다.

계인 정토淨土 두 곳을 들어 나란히 대비하는 것이 삼계三界이다. 현세의 석가모니불과 동방 약사정토의 주재자 약사여래藥師如來와 서방 극락정토의 주재자 아미타불阿彌陀佛이 그것이다. 현세의 부처에게 귀의하고 법을 따를 것을 서약하면서 한편으로는 저 좋은 세상 약사정토나 극락정토에 가고자 하는 바람이 이 세 세상을 한 자리에 모아 기원하도록 하는 것이다.

  부처는 스스로 깨닫고 남을 깨닫게 해주어 깨달음과 실천을 두루 갖춘 자로서 진리, 곧 법法을 증득하고 설하는 자이다. 여기서 진리 자체가 신체를 갖춘 것이라는 생각이 나타난다. 그 체계화된 불신설의 하나가 삼신설三身說이다.

우리와 같은 신체를 지닌 인간으로서의 붓다 석가모니는 이 세상을 떠났지만 붓다가 깨달아 우리에게 설한 법 자체는 생겨나고 사라지는 그런 것이 아니라 항상 우리와 함께 존속한다. 그것은 비록 눈으로 볼 수 있는 것은 아니지만 실제로는 우리가 육신을 지니고 있는 것처럼 하나의 신체로서 존속하며 현상세계를 지배하고 있다. 이런 생각에서 부처가 깨달았던 그 진리를 법신法身이라 한다. 법신불은 진리 그 자체를 불신화시킨 것이다.

부처는 우연히 이 세상에 나타난 것이 아니라 인과법칙의 산물로서 과거 기나긴 기간 동안에 쌓은 무수한 공덕과 노력의 대가로 부처가 된다. 아미타불阿彌陀佛과 약사불藥師佛 등은 자리自利와 이타利他의 대승적 깨달음의 서원을 성취하여 수기를 받고 그 수행의 과보로 성불한 부처이다. 이처럼 공덕의 보답으로 부처가 된 것이 보신불報身佛이다.

붓다가 깨달은 불변하고 영원한 이 진리는 무한한 힘을 지녔고 인간을 구제하기 위해서라면 필요에 따라 적절한 모습으로 세상에 모습을 드러낼 것이다. 역사적 인물로서의 붓다는 교화할 사람들의 요구에 응하여 그 세계의 동료로 태어나 그들을 구원하는 부처이다. 이처럼 교화의 대상에 따라서 그 화신이 되어 출현하는 부처, 곧 중생의 근기에 대응하여 출현한 부처가 화신불化身佛, 또는 응신불應身佛이다.

중국에서 삼신불은 법신 비로자나불과 보신 노사나불, 화신 석가모니불로 정착되었다. 우리나라의 삼신불은 청정법신淸淨法身 비로자나불, 원만보신圓滿報身 노사나불, 천백억화신千百億化身 석가모니불로 정형화되어 있다.

화엄사 대웅전 삼신불 ― 진리의 상징인 청정한 법신 비로자나불을 중앙에 모시고 수행의 과보를 보여주는 원만한 보신 노사나불과 세상에 모습을 나타내 보여준 천백억 화신 석가모니불이 한 자리에 모인 삼신불 법당.

부석사 미타상 —
우리가 가고 싶어하는 세상. 온갖 즐거움만 있고
윤회의 수레바퀴를 벗어버린 극락세계의 주불 아미타불.

부처와 형상

법당에는 불상과 탱화가 있다. 대승경전인 『법화경法華經』은 불탑佛塔 건립의 공덕이 큼을 말하면서 아울러 여러 형상形像을 건립하고 불상을 만들거나 장엄하게 꾸미면, 그러면 그 공덕으로 불도佛道를 이룰 수 있음을 역설한다. 뿐만 아니라 이런 조각이나 그림의 부처 형상에 공양 예배하면 스스로 불도를 이루고 무수한 중생을 널리 제도하리라고 한다. 이런 공덕신앙은 불교 형상물의 조성에 든든한 바탕이 되었다.

붓다 입적 후 오랜 동안 그를 기리기 위해서 탑이나 보리수·불족적·금강좌·삼보표치 등의 상징물로 대신하며 부처의 형상을 표현하지 않던 전통은 서기 전후하여 대승불교가 일어나던 무렵에 처음 형상으로 나타났다. 간다라와 마투라의 서로 다른 지역에서 각기 이상적인 인물상의 용모로 만들어진 불상은 이후 이상화되는 변화를 겪으며 신앙의 중심이 되어 갔다. 중국에는 처음 불교의 수용이 불상과 함께 이루어져 불상과 경전을 전해왔다는 기록을 남기게 된다.

4세기에 들어 불교의 중국적 이해와 함께 불상도 점차 중국인의 용모로 바뀌어 가고, 그런 즈음에 우리나라에도 소개되었다. 우리의 전통 조형을 바탕으로 중국 불상의 조형을 수용하여 새로운 조형미를 추구한 삼국과 통

선암사 석가상

―

이 세상에 태어나 수행 끝에 부처가 되어 우리들에게 진리의 말씀을 설하고 열반에 드신 위대한 자취를 기리는 대웅전의 주불 석가모니불과 후불탱화 영산탱.

일신라를 거치면서 뛰어난 불상 작품을 많이 이루어냈다. 신앙의 중심이 불탑에서 불상으로 바뀌어 석굴암 불상과 같은 명품을 만들어낸 것이다.

불상은 그 법당의 성격을 나타내는 본존불만을 봉안한 경우도 있으나 그 부처의 협시 양 보살을 합쳐 1불 2보살의 삼존을 봉안한 경우가 일반적이다. 여느 법당보다 큰 경우에는 삼계불三界佛로 아미타불, 석가모니불, 약사불을 봉안하기도 하고, 삼신불三身佛로 법신 비로자나불, 보신 노사나불, 화신 석가모니불을 봉안하기도 하며, 삼세불三世佛로 과거 연등불, 현세 석가모니불, 미래 미륵불을 봉안한 경우도 있다.

불전에 봉안된 불상은 대체로 앉은 형태의 좌상이 많지만 서 있는 입상의 경우도 있고 사색에 잠긴 모습의 보살사유상도 있다. 오른손을 들어 밖으로 펴고 왼손을 허리쯤에서 바깥으로 펴서 두려움을 없애주고 원하는 바를 들어준다는 뜻의 시무외여원인施無畏與願印, 두 손을 발 위에 모은 선정인禪定印, 두 손을 가슴 앞에 가져와 자연스레 이야기하는 듯한 설법인(說法印, 轉法輪印), 그리고 왼 손은 결과부좌한 발 위에 놓고 오른 손은 무릎 위에 놓아 아래를 가리켜서 마귀와 같은 번뇌를 항복시킨다는 뜻의 항마촉지인降魔觸地印, 두 손의 엄지와 검지를 마주 대서 영원한 진리를 뜻하는 지권인智拳印 등의 여러 가지 상징을 나타내는 손 모양으로 구별되기도 한다.

불상을 받치는 대좌는 3단으로 가운데가 오목한 수미좌須彌座를 비롯하여 사자가 네 귀를 받치는 사자좌 등의 상서로운 동물대좌가 있다.

사원을 벗어나 자연의 품을 그대로 부처의 자리로 마련한 불상도 볼 수 있다. 정기가 서린 산골마다 잘 생긴 바위를 찾아 새긴 마애불이 그것이다. 마애불 하나가 곧 부처의 세계이고 보니 그곳이 자연을 터전으로 하는 사원인 셈이다.

석가모니불

송광사 삼세불탱 __ 과거 연등불과 현세 석가모니불과 미래 미륵불의 회상을 화폭에 담은 삼세불탱. 부처의 세계는 지금에 그치지 않고 과거로부터 현재를 지나 미래에까지 영원히 계속되는 것임을 보여 준다.

미륵불

연등불

지권인 __ 주먹 쥐고 검지만 편 왼손을 오른손으로 감싸고 오른손 엄지와 왼손 검지가 서로 마주 닿게 하여 부처와 중생, 깨달음과 미혹함이 하나임을 상징하는 지권인.

항마촉지인__ 왼손은 손바닥을 위로 가게 펴서 결가부좌한 다리 위에 놓고 오른손은 손가락을 펴서 무릎밑으로 내려뜨려 석존이 마군의 유혹을 물리치고 지신을 불러 이를 증명받아 깨달음을 이룬 순간을 상징한 항마촉지인.

선정인 __ 결가부좌한 두 발 위에 두 손을 펴서 모아 배꼽 아래 위치에서 왼손 위에 오른손을 포개고 두 엄지손가락을 맞댄 선정의 자세를 상징하는 선정인.

시무외여원인__ 오른손을 어깨 높이로 들어 손바닥을 펴서 밖으로 내보이는 모습이 두려움을 없애줌을 상징한 시무외인, 왼손을 자연스럽게 내려뜨려 손바닥을 위로 가게 하여 원하는 바를 들어줌을 상징한 여원인. 이 두 모습은 대개 짝지워 표현되는 경우가 많다.

부처의 자리 | 139

설법인 __ 두 손을 가슴 앞에 모아 두 손 모두 엄지와 장지를 맞대고 왼손은 안으로 오른손은 밖으로 향하게 하여 자연스럽게 얘기하는 듯한 자세로 설법을 상징하는 설법인. 전법륜인轉法輪印이라고도 한다.

장곡사 약사상 __ 육신을 죄어드는 갖가지 질병으로부터 우리를 자유롭게 해 주는 약사여래.

선운사 비로자나상 __ 어둠을 밝히는 빛과 같은 진리 그 자체의 영원한 상징인 법신 비로자나불.

화엄사 노사나상 __ 수행의 과보로 부처가 된 원만의 보신 노사나불. 부처 중에서 유일하게 화려한 보관을 썼다.

용주사 삼계불탱

우리에게 가장 절실한 세 부처를 모셔 그린 삼계불탱. 중앙의 석가모니불과 동방 약사여래와 서방 아미타불을 각각의 여러 권속들과 함께 나란히 화폭에 담아 셋이 이룬 하나의 세상을 보여준다.

그림으로 나타난 부처

부처의 가르침은 경전을 보며 알아야 하는데 팔만대장경八萬大藏經의 경전은 많기도 하다. 그 대신 경전의 내용을 그림으로 그려 보여주면 사람들이 한눈에 보고 금방 그 의미를 이해할 수 있다. 그래서 경전의 내용을 형상으로 표현한 변상도變相圖가 많이 그려졌다. 인도의 석굴 사원에서는 붓다의 전생도나 불전도를 그려 벽면을 장식하고 사람들은 볼 때마다 이를 마음에 되새길 수 있었다. 중국에서도 석굴과 사원의 벽면에 장엄으로, 교화의 용도로, 그리고 예배용으로 많은 불화가 그려졌다.

고구려의 고분에서 연화도나 예불도를 찾을 수 있지만, 솔거의 그림 이야기나 사경寫経의 머리에 남아 있는 변상도에서 볼 수 있는 삼국의 불화는 매우 수준 높은 것이었다. 백여 점이 남아 있는 다양한 고려불화는 치밀한 표현과 화려한 금니로 유려한 부처의 세계를 더욱 풍부하게 보여준다. 고려시대에 사원의 벽면을 장식하던 벽화는 조선시대에 들어 탱화로 바뀌어 불단의 불상 후면을 장식한다.

불전의 탱화는 불상의 성격에 맞춰 석가모니불은 영산회상靈山會上, 아미

송광사 영산회상 가장 보편적인 법당인 대웅전에 봉안된 후불탱화. 석가모니불이 영취산에서 제자들에게 설법하는 모습을 화폭에 재현한 영산회상도. 부처와 보살들 그리고 제자들과 천상의 무리와 청중이 장엄한 회상을 이룬다.

타불은 미타회상彌陀會上, 약사여래는 약사회상藥師會上, 미륵불은 용화회상龍華會上으로 그려진다. 지금 우리가 찾는 사찰의 법당에 걸린 탱화에는 불보살 뿐만 아니라 호법 신중神衆을 그린 탱화와 감로탱, 조사탱과 같은 탱화도 있다.

　대웅전에는 석가모니불을 주불로 하는 영산탱이 봉안된다. 왼손은 포갠 두 발 위에 올리고 오른손은 아래를 향해 무릎에 댄 항마촉지인降魔觸地印을 주로 하고 있는 석가모니불과 그 협시보살로 문수와 보현의 2보살이 등장하지만, 때로는 8대보살까지 그리기도 한다. 여기에 10대 제자와 사천왕 팔부중의 신중, 그리고 교화 성중聖衆들이 자리를 함께 하여 장엄한 영산회상을 이룬다. 영산이란 붓다가 가장 많은 설법을 하였던 왕사성의 영취산靈鷲山을 말한다. 붓다 생전의 설법 장면 그림인 것이다.

용문사 신중탱 _ 수행의 목적인 무진공덕의 범천과 제석천 그리고 위태천이 함께 자리하며 여러 대중들과 위엄을 내뿜는 사중탱 천룡팔부 마주 보며 북방향의 좌우 벽면을 채운다.

148 | 오늘 나는 사찰에 간다

신중탱과 감로탱

대웅전에는 후불벽화와 함께 좌우 벽면에도 서로 다른 불화가 봉안된다. 오른편 벽면에 자리잡는 것이 불법을 수호하는 이들을 그려, 정법正法과 도량의 수호를 담아낸 신중탱神衆幀이다. 제석帝釋과 범천梵天, 그리고 위타천韋馱天이 하나 아니면 둘, 또는 셋이 여러 권속과 함께 한 불화에 등장하여 신중탱의 다양한 형태를 이룬다.

범천梵天은 힌두에서 우주의 통일적인 최고 원리인 브라흐만[梵]이 인격신人格神으로 화현하여 최고신이 되어 우주를 창조하였다고 숭앙되는 신성을 가졌다. 불교의 세계관에서는 육도六道의 맨 위가 천계天界이고, 천계에는 욕계·색계·무색계가 있다. 색계의 첫 단계인 초선천이 모두 범천인데 그중에 다시 대범천이 있기도 하다. 즉, 욕망을

부처의 자리 | 149

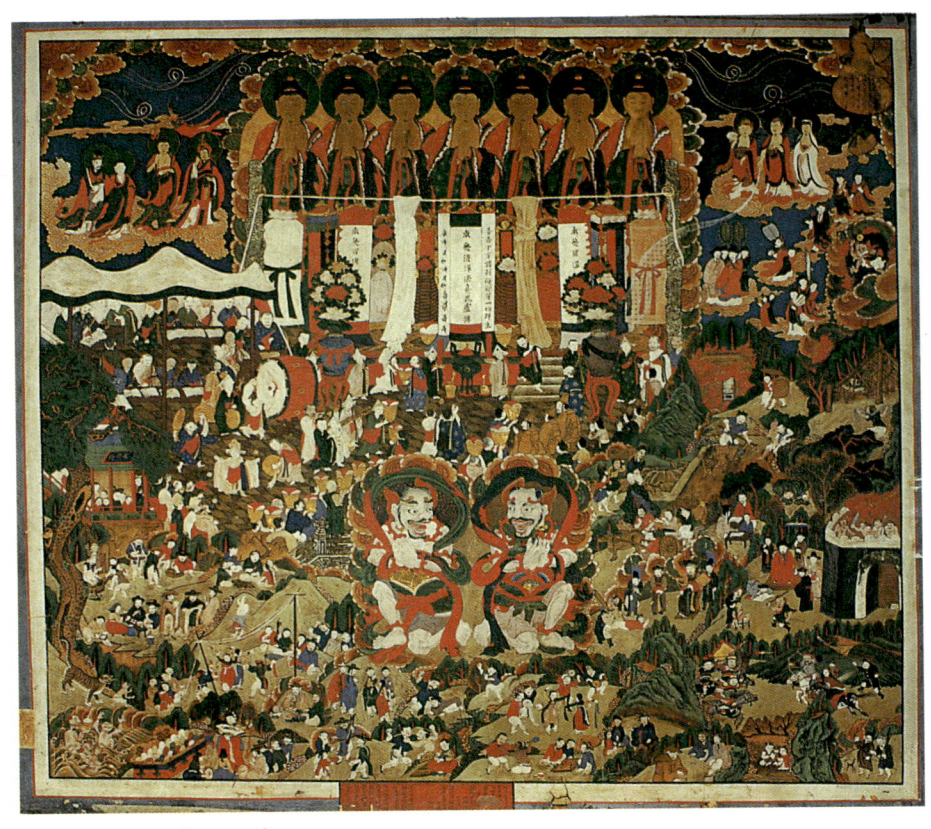

흥국사 감로탱 __ 위로는 아미타불과 극락의 세계를 두고 아래로는 세상 사람들의 갖가지 사는 모습과 지옥을 그리며 중간에 아귀와 망자를 위해 올리는 천도재 장면을 배치하여 죽은 이의 복을 비는 자리를 마련한 감로탱.

끝내고 나서 바로 위의 세계의 주인공인 범천이 호법의 맨 앞머리에 선 것이다.

제석천帝釋天은 인도의 무용신武勇神인 인드라에서 유래하여 삼십삼천이라고도 하는 도리천의 주재자로서, 수미산 정상에 있는 선견성善見城에 머무르면서 세상을 수호한다.

위타천은 사천왕 중의 증장천이 거느린 8대장의 하나인데, 사천왕의 32

대장을 대표하는 수령이다. 어려서 동진 출가하여 청정한 범행梵行으로 오로지 불법 수호를 위해 진력한 끝에 부처로부터 친히 위촉을 받아 세계를 보호하고 중생을 제도하며 마귀를 없애 불법을 수호한다는 선신善神이다. 그래서 동진童眞보살이라고도 부른다.

범천과 제석천이 중심이 된 신중탱에는 위타천 외에도 천자와 천동天童 천녀天女가 함께 자리한다. 그리고 토속신이라 할 수 있는 여러 신들이 자리를 함께 한다. 산의 신인 주산신主山神, 부엌의 신인 조왕신竈王神, 가람과 대중을 수호하는 가람신伽藍神, 도량을 청정하게 하고 지키는 도량신道場神, 비를 내리게 하는 용왕龍王 등이 그것이다.

대웅전의 왼쪽 벽에는 대개 감로탱甘露幀이 걸리는 경우가 많다. 감로탱은 고혼을 극락으로 인도하기 위해 올리는 천도재의 모습을 중심으로 지옥과 사바 세계와 부처의 세계를 한 폭에 담아 그린 것이다. 감로甘露란 중생을 구제하는 데 다시없는 가르침을 비유하는 것인데, 이것을 먹으면 고통을 받고 있는 중생은 그곳에서 벗어날 수 있고 해탈에 이를 수 있다는 음식을 말하기도 한다. 업의 굴레에서 헤매는 중생에게 감로를 베풀기 위해서는 특정한 의식절차가 필요한데 그것이 시식施食이다.

감로탱은 삼단으로 구성된다. 상단은 좌우로 극락으로 길을 인도하는 인로왕引路王보살과 아미타불을 보좌하는 관음보살이 시종한다. 중단에는 중앙에 제단을 두고 지옥 중생의 넋을 천도하는 반승飯僧의식의 작법을 거행하는 승중僧衆과 왕후장상과 왕후궁녀 등을 두었다. 이 회상의 실마리가 되는 천도재薦度齋를 올리는 장면에 작법을 행하는 승려들이 크게 자리잡고, 상복을 입고 두 손 모아 망자의 극락왕생을 기원하는 유족이 뒤따른다. 하단에는 두 아귀와 욕계의 여러 장면을 중요한 장면을 중심으로 구성지게 배치하였다. 인간이 살아가면서 겪어야 하는 온갖 고난의 체험들을 형상으로

흥국사 감로탱 ― 서로 싸우고 남녀가 함께 어울리고 줄타기를 구경하고 굿을 하고 술판을 벌이고 호랑이에게 쫓기면서 이런저런 모습으로 세상을 살아가는 중생들의 모습이 장면마다 살아 있다.

나타내어 갖가지 고난과 서글픔이 절절이 배어나도록 묘사하였다. 현실의 생활상을 빌어 표현한 육도윤회 장면에 당시의 사회상이 잘 반영되어 있다.

하단의 육도중생이 받은 업의 굴레가 중단의 의식을 행한 공덕으로 상단의 불보살을 감응케 한다. 이에 따라 불보살이 감로를 베풀게 되고, 하단의 중생들은 그를 통하여 고통의 업장을 소멸한다는 것이 감로탱의 구상이다.

살아 있는 자들이 마련한 이 자리는 살아 있는 자와 죽은 자의 영혼이 만나는 자리이다. 보살과 부처의 세계, 지상의 살아 있는 사람들의 세계, 지하의 세계, 육도의 세계가 일련의 관계 속에서 하나의 체계를 이루고 삼계三界는 하나로 녹아든다.

아무리 현세에서 힘들어하는 중생일지라도 잘못된 생활 자세를 반성하고 스스로 선한 행동을 지향하여 선업善業을 쌓으면 해탈에 이를 수 있는 가능성은 누구든지 갖고 있다. 이 많은 죽음과 지옥의 장면은 이런 전환을 위한 매개체이다. 천도재를 지내 먼저 간 고혼을 위로하는 한편으로 남은 자가 바른 수행으로 윤회의 고통을 벗어나려는 데도 감로탱은 효력을 발휘한다.

미황사 대웅전 천장 __ 부처가 앉은 바로 윗 부분의 법당 천장은 연화 칠보와 범어 문자를 금빛으로 그려 상서로운 향이 감도는 장엄미를 만든다.

부처를 모신 자리

법당은 본래 금당이라고 이름하였듯이 불상을 봉안한 건물이다. 부처를 모신 집인 것이다. 따라서 법당의 중심은 부처를 봉안한 자리이다.

부처를 모시기 위해 마루보다 한층 높게 불단 수미단須彌壇을 마련한다. 우리가 사는 이 사바세계는 수미산 허리에 걸쳐 있다. 중생과 더불어 자리하고 중생을 교화하기 위해 이 땅에 선 불보살은 그래서 수미산에 상주한다. 불전 내부에서도 이곳을 따로 신성한 장소로 구분하기 위한 장치가 수미단이다. 3단 남짓하게 단을 구분한 수미단은 각 단을 몇 칸으로 나누어 칸마다 갖가지 상징적인 조형을 새긴다. 삿된 것을 물리치는 귀면에서부터 연꽃이나 모란 등의 꽃, 그리고 여러 가지 동물들과 상상 속의 존재들도 등장한다. 모두들 부

무위사 극락전 천개 부처의 자리를 장엄하는 방법도 다르다. 화려한 장식 대신 간결하면서도 정교한 꾸밈을 천장 안쪽으로 밀어넣어 위엄을 보인 감입형 천개의 모습.

처의 자리를 옹호하고 장식하기 위한 것들이다. 수미단 위에 불상이 안치되는 공간과 공양물을 놓는 공간을 구분하는 보탁補卓이나 난간이 시설되기도 한다. 그리고 그 위에 다시 불대좌가 놓인다. 대좌 역시 산중턱이 잘룩한 수미산을 상징하여 상대와 하대보다 중대의 폭이 좁아 잘룩한 모양을 하고 있다.

불상이 놓이는 위쪽에는 천개天蓋가 짜여진다. 부처나 불제자에게 씌워 경의를 표하는 장엄구로 사용되던 산개傘蓋에서 유래한 것이다. 흔히 닷집이라 하며 보개寶蓋라고 하기도 한다. 보통 불전 건축의 지붕을 그대로 본떠 정교하고 화려하게 만든 아자亞字 모양의 불전형 천개가 많으며 우물천장의 일부를 파고 들어가 천개를 조성하는 감입형嵌入形 방식도 있다.

천개 주위로는 구름 속에 노니는 용을 중심으로 봉황, 극락조, 비천, 동자 등 이상세계의 온갖 상서로운 형상들이 조각되어 매달려 부처의 머리 위를 장엄하며 정적인 불상 위 공간을 동감動感의 세계로 변화시키고 있다.

불단 앞에 정갈한 공양을 올려 수행자와 참배자의 마음을 가다듬는다. 신비로운 향기로 머리를 맑게 하는 향과 자신을 태워 미망의 어둠을 밝히는 촛불과 청정한 감로수를 향로와 촛대와 다기에 담아 올린다.

신륵사 극락전 불단

아래로 몇단을 겹쳐 쌓은 형태의 불단을 마련하고 그 위에 불좌에 앉은 불상을 봉안하며, 다시 불상 위로 화려한 천개를 시설하여 부처의 자리를 장엄한 법당 내부의 불단 모습.

개심사 대웅전 대들보 __ 법당 내부에 가장 굵게 드러난 대들보에는 천변만화로 부처의 자리를 장엄하는 용과 같은 상서로운 존재를 그려 장엄의 한 바탕을 이룬다.

개암사 대웅전 천개 __ 전각의 모습 그대로 화려한 다포식 짜임을 겹겹으로 쌓아 부처가 계신 자리에 장엄의 극치를 다한 불전형 천개. 전각 주위로는 구름 속에 노니는 용과 극락조 등이 휘돌아 상서로운 분위기를 연출한다.

용문사 대장전 대좌 __ 부처를 직접 받치는 대좌는 위아래가 넓고 가운데가 오목한 수미좌 형태가 많다. 대좌 자체는 간결하게 구성하고 위쪽으로 난간을 시설하기도 한다. 대좌 위에 요즘은 두터운 방석을 깔아 불상이 편히 앉도록 한다.

백흥암 극락전 불단 __ 부처가 앉는 자리는 갖은 꾸밈을 갖추어 마련한다. 서너단으로 이루어진 단을 나눈 칸마다 삿된 것을 물리치는 귀면을 비롯하여 상서로운 풀꽃과 동물, 그리고 갖가지 보배도 등장한다. 불단 중에 가장 화려한 아름다움을 갖춘 은해사 백흥암의 불단과 세부 조각의 모습.

운문사 불단 공양 __ 부처에게 올리는 기본 공양인 차와 향과 촛불. 거룩한 분위기를 연출하는 향과 맑은 감로수의 차와 미망을 밝히는 진리의 빛 촛불로 이루어진다.

촛대 __ 내 온 몸을 태워 미망의 어둠을 밝히는 지혜의 상징 촛불을 받드는 촛대 한 쌍.

미황사 불패

불상 앞에 불상의 이름을 적어 봉안한 불패. 부처 이름 대신 소원을 적어 모신 원패로 되기도 한다.

청자 향로

토끼가 받치는 받침대 위에 꽃잎을 세우고 보주를 화려하게 새겨 만든 청자 향로. 투각한 보주틈으로 향내가 피어 오른다.

청동 향완

넓직한 몸체로 향을 받아 피워내는 금동 향로. 넓게 단 전이 유려한 곡선의 받침과 어울려 아름다운 형태를 이루는데 표면에는 은입사로 범자와 용봉 무늬를 새겨 세련미를 더한다.

금동 정병

불전에 올리는 물은 감로수이다. 목마른 자에게는 시원한 감로수, 아픈 자에게는 생명의 감로수, 법을 찾는 중생에게는 진리의 감로수를 원하는대로 적셔줄 감로수 주머니 정병.

백흥암 대들보 단청 법당 내부에 가장 크게 드러나는 면인 대들보에는 갖은 무늬를 조합한 단청이 시설되어 천장의 질서있는 단청과 장엄세계를 이룬다.

한눈에 보는 가르침 벽화

법당 곳곳에 마련된 작은 공간마다 갖가지 그림을 그린다. 외부와 내부의 포벽 등에는 불보살을 장엄하는 그림이 있기 마련이고, 외부의 공간에는 붓다의 생애를 그린 팔상도나 조사들의 기연을 그린 것들이 많다. 우리나라 불교의 주축인 선종의 깨달음을 상징하는 십우도를 바깥 벽면에 그린 벽화도 많다. 그런가 하면 사찰 창건주나 공덕주와 연관된 소재를 그린 경우도 적지 않다. 그래서 우리나라 사원의 창건주 중에 첫손꼽는 원효의 일화를 담은 벽화는 곳곳의 사원 벽에 등장한다. 반야용선을 타고 피안을 향해 노저어 가는 벽화도 있고, 수호신중을 그린 것도 있다. 까치호랑이를 그린 벽화도 있고, 사군자를 점잖게 그려 넣기도 한다. 근래에는 칠장사의 임꺽정처럼 교리와는 거리가 먼 그림도 전각 벽면에 등장하고 있다.

용연사 포벽 __ 법당 벽면의 맨 위쪽 서까래 바로 밑의 공포와 공포 사이 틈에 그린 불화. 불좌상을 단정하게 그리기도 하는데 여기에는 부처의 생애를 그렸다. 제자들의 슬퍼하는 표정이 인상적인 열반상이다.

용연사 벽화 __ 벽면을 채워 올라가면서 신장상을 그려넣은 용연사 극락전의 벽화.

미황사 대들보 그림 __ 불단에 모신 부처 한분으로는 부족해서 수백 수천의 부처를 법당 안쪽에 가득 그린 미황사 대웅전. 대들보에도 서까래 밑의 장혀에도 작은 부처들이 가득 담겨 있다.

　벽화 중에서 가장 흔히 볼 수 있는 것이 석가의 생애를 묘사한 팔상도나 선의 세계를 단계화 한 십우도十牛圖이다.

　소는 말없이 자기 할 일을 한다. 묵묵히 나아갈 길을 가며 봉사하는 소의 과묵함과 쉼없는 정진력은 예로부터 불법에 자주 비유되었다. 선종에서는 소의 말없는 정진력과 저력 있는 생명력에서 오로지 한길 깨달음을 향해 정진하는 납자衲子들의 본분本分을 본다. 논밭을 갈고 대지에 뿌리를 내리고 사는 일상 속의 소는 바로 행주좌와行住坐臥의 일상성 그대로 청정한 불성의 세계를 찾던 선사禪師들의 마음 그대로였다. 이런 깨달음의 대의를 소를 통해 시각화한 것이 십우도이다.

부처의 자리

봉은사 벽화

법당 바깥쪽에는 빈 벽면이 더 많다. 창방 아래로 벽체를 나누어 생긴 칸마다 높이에 따라 서로 다른 주제의 불화를 벽면을 돌아가며 그린 봉은사 벽화. 위쪽에는 부처의 일생을 그린 팔상도를, 가운데에는 선 수행을 소 치는 데 비유한 십우도를, 아래에는 신장도를 그려 부처의 생애와 깨달음의 지향 그리고 이를 보호하는 신장을 한눈에 볼 수 있도록 그렸다.

통도사 까치호랑이 그림 __ 우리에게 친근한 호랑이를 까치와 함께 그려 전통적인 믿음이나 설화를 법당 벽면에 그린 불화에서 다른 사상을 수용해들인 불교의 포용성을 본다.

칠장사 임꺽정 그림 __ 근래에는 보다 사람들에게 널리 알려진 이야기를 사찰에서 내세우는 경향이 있다. 조선시대 임꺽정 이야기를 간직한 칠장사의 대사와 두령들 그림.

낙산사 용 그림 ⎯ 절마다 자신의 창건 연기를 그려 독자성을 내보인다. 낙산사 보타전 외벽에는 창건주 의상대사가 관음 친견 기도 끝에 용으로부터 여의주를 받는 정경을 그렸다.

십우도 목우·기우

우리 마음 속의 불성을 찾아 깨달음의 길을 걷는 수행자에게 소를 치는 목동의 비유로 다가서는 선화. 이 장면은 마구 날뛰던 소를 길들여 순순히 따르게 한 경지에 이른 목우牧牛와 길들여진 소등에 타고 유유히 돌아오는 기우騎牛의 두 장면. 우리나라 불교 사상의 중심이 선종이어서 여느 사찰에서 쉽게 볼 수 있는 벽화 소재이다.

제1 심우尋牛는 우거진 수풀을 헤치고 소의 자취를 찾는다. 제2 견적見跡은 실마리가 되는 발자국을 본다. 제3 견우見牛는 자취를 따라 찾아가 소를 본 것이다. 제4 득우得牛는 소를 잡기는 하였으나 뜻대로 다루지 못하고 힘들여 서로 겨루는 중이다. 제5 목우牧牛는 뜻대로 길들여져 채찍과 고삐가 아니더라도 스스로 잘 따르는 모습이다. 제6 기우귀가騎牛歸家는 몸을 소등에 올려놓고 피리 불며 집으로 돌아온다. 제7 망우존인忘牛存人은 소를 타고 집에 돌아오니 소는 사라지고 사람만 한가롭다. 제8 인우구망人牛俱忘은 소도 없고 사람마저 텅 비었다. 제9 반본환원返本還源은 본래 청정하여 한 티끌의 미혹함도 없는 경지에 들어섬이다. 제10 입전수수入纏垂手는 표주박 차고 거리에 들어 집집마다 다니며 더불어 사는 속에 함께 성불에 이른다.

5장 — 부처의 나라

붓다의 자리 영산회상 대웅전
진리의 나라 비로전
이상의 세계 극락전
질병과 고통의 해방 약사여래
미륵불 그리고 수많은 부처
삼불의 전당 보전

개암사 대웅전 석가모니불이 문수 보현보살을 양협시로 불좌위에 좌정한 불단 뒤로 석가모니불이 설법하는 영산회상을 재현한 영산탱을 봉안하고 화려한 천개를 올려 꾸민 장엄한 부처 회상.

붓다의 자리 영산회상 대웅전

대웅전은 석가모니 부처님을 모신 전각이다. 세상의 번뇌를 벗어나 깨달음을 얻어 해탈에 이른 부처님은 가장 위대한 인물이기에 대웅大雄이라 이름한다. 부처의 세계에 나란히 하는 존재가 보살菩薩이다. 부처가 되기 위한 수행을 하는 한편으로 중생을 교화하는 보살도를 실천하는 상징이다. 부처마다 역할을 다르게 정해두었고 그래서 보좌하는 보살도 서로 다르다. 석가모니불은 지혜를 상징하는 문수文殊와 원만행의 표상인 보현普賢 두 보살菩薩이 좌우 협시脇侍가 된다.

세상의 이치를 깨달아 부처가 되고 그 진리를 사람들에게 알려주면서 불교는 비롯된다. 성도成道 후 열반에 들 때까지 45년 동안 가르침을 편 전도傳道의 나날 중에서 설법 장소로 가장 널리 알려

전등사 대웅전 __ 이 세상에 오셔서 깨달음을 이루어 크나큰 진리를 보여준 석가모니불이 평소에 설법하시던 영취산 정상에서의 모임을 법당에 구현한 영산회상 대웅전. 일반적인 사찰에서 가장 많이 볼 수 있는 절의 중심 전각이다.

진 것이 영취산靈鷲山이다. 인도 여러 나라 중에 가장 큰 나라였던 마가다摩揭陀국의 교외에 있던 이 산은 정상의 모습이 날개를 편 독수리와 같아 이런 이름이 생겼다. 지금도 산꼭대기 언저리에는 수행자들이 들어앉음직한 석굴이 있고 정상에는 제법 평평한 자리가 마련되어 붓다를 기리는 향대香臺 유적이 남아 있다.

이곳에서는 승속僧俗을 가리지 않고 수많은 사람들이 모여 붓다가 설하는 법을 들었고, 이를 토대로 경전이 이루어졌으니 그 중에서 대표적인 것이 『법화경法華經』이다. 그래서 영취산에서의 모임인 영산회상은 『법화경』의 내용에 따라 회중會衆을 구성한다. 영산회상은 곧 우리가 붓다의 설법 자리에 직접 참여하고 있음을 말한다. 그 현실성이 얼마만큼 자신에게 절실한지는 각자의 마음가짐 차이에 따라 다르게 다가온다.

석가모니불과 문수·보현의 삼존만으로 부족한 현장감은 영산회상을 그대로 화면에 살려 후불벽에 건 영산탱에서 실감할 수 있다. 화면에 가득 찬 인천人天의 갖가지 등장 인물들의 시선은 석가모니불을 향하여 모아져 있다. 대상의 의미에 따라 인물의 크기는 제각기 다르다. 상단부는 좌우로 네 분신불分身佛과 십대제자, 천룡팔부 사천왕의 성중聖衆이 부처를 시립하고 있다. 십대제자의 얼

부처의 나라 | 181

전등사 대웅전 ─ 대웅전 내부의 모습. 꽃으로 장식한 불단 위에 인자한 표정의 삼존불이 좌정해 있고 그 뒤로 후불탱화가 모셔졌으며 불상 위로는 용과 극락조가 노니는 화려한 천개가 있어 장엄한 영산회상을 이룬다. 대웅전이라면 석가와 문수 보현의 삼존불이 알맞지만 여기에서 보는 것처럼 세분 부처를 모신 경우도 많다.

굴이나 법의의 다양한 변화에다 분신불과 팔부중 사이의 합장한 동자상이 불보살상과 제자상을 부드럽게 이어준다.

중단에는 좌우로 문수와 보현이 시립하여 화면의 상단과 하단을 연결해준다. 두 보살만으로 부족하다고 생각하여 6대 보살을 묘사한 경우도 많다. 미륵과 제화갈라, 관음과 세지가 나란히 선다. 하단에는 중앙에 법을 청하는 비구와 공양상이 있고 좌우로 범천과 제석천, 주악천과 천인 등 설법을 듣는 대중들을 배치하였다.

석가모니불의 협시보살은 역시 보살 중에서도 가장 대표적인 문수文殊와 보현普賢이다. 문수보살은 우리가 바른 길을 가기 위해 필요한 지혜를 상징하며 때로는 용맹한 사자에 올라앉아 있기도 한다. 보현보살은 우리에게 끊임없이 필요한 실천 행동을 상징하며 상서롭고 힘센 코끼리 위에 앉아 있기도 한다.

해인사 대적광전 _ 이 세상이 연기법에 의해 이루어졌음을 표상하는 진리의 상징 비로자나불의 크나큰 진리와 고요함이 깃든 대적광전.

비로전 — 진리의 나라

석가모니불이 이 세상에 태어나 정각을 얻어 가르침을 편 구체적인 표상이라면 변함없는 세상의 이치를 상징하는 부처님은 법신法身 비로자나불毘盧遮那佛이다. 비로자나불을 봉안한 법당이 비로전毘盧殿이며, 지혜의 광명을 밝게 펴기에 대적광전大寂光殿이나 대광명전大光明殿이라고도 부른다.

비로전에는 두 손을 마주 잡고 엄지와 검지를 맞댄 지권인智拳印을 하고 있는 비로자나불상이 봉안된다. 비로자나불의 협시는 석가와 같이 문수·보현보살이다.

비로전의 삼존 뒷벽에도 비로탱이 걸린다. 비로자나불과 문수·보현의 보살 성중, 그리고 제자들도 자리를 함께 한다.

해인사 대적광전 대적광전 내부의 모습. 불단 위에 결가부좌한 불상은 두 손을 모아 엄지와 검지를 서로 맞대 진리를 상징하는 지권인 자세를 보인 비로자나불이고 후불탱화 역시 비로탱이다.

천은사 극락전

금생의 번뇌를 벗어버리고 윤회를 완전히 떠나 지극한 즐거움만 있는 세상 극락에서 중생들을 맞아주는 아미타불과 관세음 대세지보살의 이상세계 극락전.

극락전 ─ 이상의 세계

사람들이 가장 두려워하는 것 중의 하나가 죽은 다음 세상, 즉 내세來世에 대한 불안이다. 아미타불阿彌陀佛은 사람들이 지성으로 귀의하면 자신이 세운 원대한 서원誓願에 따라 중생을 극락세계로 이끌어주는 부처이다. 이 아미타불을 봉안한 미타전彌陀殿, 곧 극락전極樂殿은 아미타의 본래 뜻을 따라 무한한 수명과 지혜를 누리는 무량수전無量壽殿으로도 부른다.

아미타불은 과거 세자재왕世自在王여래 시절에 국왕이었는데, 출가하여 법장法藏비구가 되어 48가지 큰 서원誓願을 세웠다. 열 번의 염불로 극락세계에 왕생하기를 서원하며, 임종할 때에 아미타불이 나타나기를 서원하며, 염불하는 모든 중생이 극락에 왕생하기를 서원하며, 극락에 왕생하는 사람은 바른 깨달음을 이루기를 서원하며, 극락에 왕생하는 사람은 악도에 떨어지지 않기를 서원하며, 극락세계에 왕생하는 사람은 장수하고 광명이 한량없기를 서원하였다.

모든 중생을 구제하여 극락에 이르게 하겠다는, 그래서 청정한 국토를 만들고 그곳에 이른 사람들은 한량없는 수명과 광명을 누리게 하겠다는 서원이었다. 이를 실천함으로써 아미타불이 된 법장 비구의 서원력에 의지해서 중생들은 아미타불의 이상 세계 극락極樂에 이를 수 있다.

무위사 극락전

아미타불을 관음과 지장 두 보살이 시립한 불단 위로 정갈한 장엄미를 보여주는 천장을 파고 들어간 천개를 시설하고 후불탱화로는 벽면에 그대로 미타 삼존의 형상을 따라 그린 벽화가 극락회상을 연출한다.

평범한 인간들은 현세의 행위에 따라 육도를 맴돈다. 윤회는 모든 행위는 그에 따른 결과가 있다는 인과관계의 법칙을 말하기 위한 것이다. 이런 세계로부터 벗어나 완전한 자유 해탈을 얻고자 하는 것이 불교 수행의 목표이다. 그런데 행위 곧 업業에는 신체적인 것 외에 언어나 의식도 포함된다. 그래서 신身·구口·의意 삼업三業으로 나눈다. 업은 이미 정해진 운명이 아니라 인간의 의지와 노력에 의해 결정된다.

윤회는 생명의 무한성을 상징하는 것인데 마음은 찰나적으로 움직인다. 윤회는 근본적으로 마음 곧 인간 의식의 문제이며 인간의 내부에서 파악되는 문제이다. 그러므로 의식의 변혁을 통해 고통의 세계인 현실은 곧바로 열반이라는 이상 세계로 바뀔 수 있다.

그렇게 열리는 이상세계 극락정토는 염불을 통해 자기만이 도달하는 피안의 낙원이 아니다. 그것은 누구에게나 열려 있는 현실이다. 자신의 이익이 사회화된 곳에 정토의 세계가 열린다. 개인적인 해탈의 사회화가 바로 정토이다. 여기에 아미타불 본원력의 진정한 의미가 있다.

그런데 윤회를 넘어선 해탈의 경지 극락은 심신의 욕락이 모두 제거된 정화된 땅 정토淨土이다. 이런 극락세계에서 설법하는 아미타불의 자리가 극락회상極樂會上이다.

극락은 아무런 괴로움도 없고 즐거운 일만 있는 세상이다. 그곳에는 일곱 겹의 금은 보배로 이루어진 난간과 그물과 나무가 있고, 칠보로 된 연못에는 8공덕을 갖춘 청정한 물이 있다. 칠보 누각 아래로는 큰 연꽃이 수없이 피어나 미묘하고 향기로운 빛을 낸다. 항상 천상의 음악이 맑게 울려 퍼지고 황금으로 빛나는 대지 위에는 하늘의 만다라꽃이 흩날린다. 아름답고 기묘한 백조, 공작, 가릉빈가, 공명조 등이 밤낮을 가리지 않고 항상 화평

무위사 설법도 __ 무위사 극락전의 좌우 벽에 그려진 벽화 중의 아미타불 설법도. 보살과 대중에게 둘러싸인 아미타불이 즐거움으로 넘치는 극락세계의 장엄을 설법하는 장면이다.

무위사 내영도 __ 무위사 극락전의 내영도. 아미타불이 관음·세지보살을 비롯하여 지장 등 8대보살과 함께 서 있어 중생을 극락세계로 맞아들이는 모습을 나타낸 벽화.

하고 맑은 소리로 노래한다. 그들이 노래하면 팔정도를 설하는 소리가 흘러나온다. 중생들은 그 소리를 듣고 부처님을 생각하고 법문을 생각하며 스님들을 생각한다. 참으로 아름답고 향기롭고 정결한 공덕과 장엄으로 이루어진 세계이다.

이상의 세계 극락세계는 우리가 사는 세상과 동떨어진 것이 아니다. 그래서 아미타불상은 외형상 석가모니불상과 별다른 차이가 없다. 두 손을 모아 가부좌한 다리 위에 올린 법계정인을 특징으로 삼기도 하지만 반드시 일정하지는 않다. 협시보살인 관음觀音과 대세지大勢至보살이 좌우에서 모시고 서 있다. 때로는 관음과 지장地藏보살을 협시로 하는 경우도 있다.

아미타불상 후벽에는 아미타불 탱화가 걸린다. 아미타와 관음·세지의 미타삼존 외에 문수·보현·미륵·지장·제장애除障碍·금강장金剛藏 보살을 더해 8대 보살을 그려 미타구존도를 이루기도 한다. 아미타불은 후불 탱화 외에 아미타불이 설법하는 설법도나, 극락으로 영접해 들이는 내영도來迎圖 형태로 그려지기도 한다. 또한 극락전에는 설법하는 모습과 극락 정토를 중심으로 극락왕생을 위한 수행 방법을 그린 관경觀經변상도가 봉안되기도 한다.

약사여래 크고 작은 질병으로부터 끊임없이 고통받는 중생들이 아픔에서 벗어나게 해주고 괴로움을 해결해주는 약사여래의 모습. 손에 든 약단지가 중생들의 질병 특히 마음의 병 번뇌를 다스려주는 보배단지이다.

질병과 고통의 해방 약사여래

약사전藥師殿은 질병으로 괴로워하는 중생을 구제해주는 약사여래藥師如來를 봉안한 전각이다. 사람들을 크게 적게 끊임없이 괴롭히는 질병으로부터의 해방을 약속하는 약사정토는 약사여래가 12신장을 이끌고 12대원을 발하여 중생의 질병을 치료하고 고뇌를 제거해 주는 세상이다.

사람들이 한 평생을 살아가면서 원하는 바도 가지가지이지만 질병 없이 건강하게 살아가기란 좀처럼 쉽지 않다. 온갖 과학적인 지혜가 생각지도 못하던 세계를 열어 가는 오늘날에도 질병은 나날이 새롭게 우리를 괴롭힌다.

『약사여래본원경藥師如來本願經』에서는 약사여래가 부처가 되기 이전 과거 보살행을 닦을 때 12대원을 발하여 중생의 질병을 치료하고 고뇌를 제거해 주었음을 말한다. 이중에는 정각을 성취할 때

부처의 나라 | 195

1 약사 12신장의 좌 6신장 — 아래로부터 궁비라(자) 미기라(인) 알이라(진) 인달라(오) 마호라(신) 초두라(술)대장. 12신장과 12지 신수를 하나씩 맞춰 짝지웠다.

광명이 무량한 세계를 밝게 비치리라는 광명조요원光明照耀願, 몸이 유리와 같이 청정하고 광명이 나와 어두운 세계를 밝혀 준다는 신여유리원身如琉璃願이 있다. 모든 중생들의 필요한 물품이 다 구족될 것이라는 수용무진원受用無盡願과 몸이 두루 구족하게 되리라는 제근구족원諸根具足願, 일체 여인이 성불할 수 있는 남자가 된다는 전녀성남원轉女成男願도 있다. 환난이 있는 중생들의 모든 고통이 없어진다는 중환실제원衆患悉除願, 신체적 구속과 속박에서 벗어나게 하는 계박해탈원繫縛解脫願, 배고픔과 목마름에서 벗어나 배부르고 안락하게 되는 아근안락원餓饉安樂願은 고통으로부터의 해방이다.

이런 대원을 성취한 약사여래는 일광日光보살과 월광月光보살을 협시로 하고 12신장神將을 권속으로 삼아 동방정유리국세계에서 일체중생을 제도

2 약사 12신장의 우 6신장

아래로부터 벌절라(축) 안저라(묘) 산저라(사) 파이라(미) 진달라(유) 비갈라(해)대장.

하고 보호한다. 12신장은 궁비라宮毘羅·벌절라伐折羅·미기라迷企羅·안저라安底羅·알이라頞儞羅·산저라珊底羅·인달라因達羅·파이라波夷羅·마호라摩虎羅·진달라眞達羅·초두라招杜羅·비갈라毘羯羅이다. 이들은 여러 가지 얼굴 색깔에 손에 막대나 칼·봉·철퇴·창·도끼·철끈과 같은 무기를 들고 수호를 다짐한다. 12신장은 약사여래의 12대원 개념에 12지支의 시간적 개념과 12방위의 공간적 의미가 합쳐져 12시時 12방方의 호법신으로 약사여래의 제도를 보좌한다.

법주사 미륵불

석가모니 부처의 다음으로 이 세상에 하생하여 중생들을 구제해 줄 미륵불. 신장이 보통의 두 배가 되는 거대한 몸이어서 이렇게 법주사 36척 미륵상처럼 큰 불상을 모시는 경우가 많다.

미륵불 그리고 수많은 부처

세상이 혼란해지면 중생들의 마음은 불안해진다. 석가모니불이 설파한 진리의 가르침이 과연 이 혼탁한 세상에 제대로 의미를 가지는가. 차라리 새로운 세상에는 새로운 부처가 오셔서 신천지를 열어주면 좋지 않을까. 그래서 미래불을 생각하게 된다. 미륵불의 출현이다.

다음 세상의 부처님인 미륵불을 봉안한 전각이 미륵전彌勒殿이다. 우리가 사는 세상 위에 사천왕천이 있고 그 위에 제석천이 사는 도리천이 있고 다시 야마천과 도솔천이 차례로 있다. 미륵불은 현재 도솔천에서 설법하고 있는데, 때가 되면 이 세상에 내려와 용화수 아래에서 세 번에 걸쳐 수백억의 중생을 교화 제도한다. 그래서 미륵전은 용화전龍華殿이라고도 한다. 미륵 탱화는 미륵보살이 설법하고 있는 도솔천궁의 미륵정토를 그리기도 하고 용화수 아래에 하생하여 중생을 제도하는 미륵불을 그리기도 한다.

미래의 미륵불과 대응하는 부처는 과거의 연등불燃燈佛이다. 석가모니불도 과거에 수많은 공덕을 쌓아 마지막으로 이 연등불로부터 부처가 되리라는 수기授記를 받아 금생에 부처가 되었다. 그러다 보니 과거 · 현

부처의 나라 | 199

직지사 천불전 ― 과거에서 현재, 미래로 끊임없이 이어지는 부처의 깨달음의 계승을 상징하는 천불을 모신 천불전.

재·미래로 끝없이 이어지는 부처의 개념이 생겨났다.

부처佛陀란 절대적 진리를 깨달아 스스로 이치를 아는 사람이다. 부처는 처음에 불교의 창시자인 역사적 인물 석가모니를 말하였다. 그러나 부처는 석가모니 한 사람만이 아니라 석가모니와 동격으로 과거·현재·미래의 삼세三世와 온갖 방면의 시방十方, 곧 모든 시간과 공간에 걸쳐 두루 있을 수 있다. 깨달음은 항상 존재하는 보편적인 법의 발견이기 때문에 여러 부처가 존재할 수 있는 것이다. 석가모니도 이런 보편적인 깨달음의 연장선상에서 한 자리를 차지하고 있다는 생각에서 석존 이전에 6인의 부처가 있었고, 석가모니가 7번째의 부처가 된다는 과거칠불過去七佛 사상이 생겨나게 되었다.

과거7불은 계속 확장되어 『무량수경無量壽經』에는 오랜 옛날에 정광불定光佛이 이 세상에 출현하여 한없는 중생을 제도한 후 차례로 53불이 출현하여 중생을 제도하였다고 한다. 아미타불의 스승인 세자재왕여래는 그 마지막에 출현한 부처였다.

더 나아가 『삼겁삼천불연기경三劫三千佛緣起經』은 3천불을 말한다. 석가모니불은 과거 무수히 많은 시간 동안 출가 수행하며 53불의 이름을 듣고 마음에 환희심을 일으켜 이를 다시 다른 사람들이 듣고 알게 하여 서로서로 전해 3천 명에 이르렀다. 이들은 모두 이구동음異口同音으로 제불의 이름을 부르며 한마음으로 예배하며 공경하였다. 이러한 인연 공덕으로 처음 1천 인은 과거 장엄겁莊嚴劫에 성불하였고, 다음 1천인은 현재 현겁賢劫에 성불하며, 다음 1천인은 미래 성수겁星宿劫에 차례로 성불한다. 삼천불三千佛 사상이다.

이렇게 많은 부처를 한 전당에 모신 곳이 천불전千佛殿이다. 계속 세상에 출현하여 불법을 이어오고 이어갈 1천 부처를 봉안하여 진리의 영원함을 보여주는 전당이다.

선운사 대웅보전

법신 비로자나불을 중심으로 보신 노사나불과 화신 석가모니불의 삼신불을 한곳에 모신 선운사 대웅보전.

삼불의 전당 보전

대웅보전大雄寶殿이라고 이름이 커지면 법당에는 석가모니불만 아니라 석가·약사·아미타의 삼세불三世佛이 함께 자리한다. 세 세상의 부처들이니 삼계불三界佛이라고 불러야 좋을 것이다.

대웅보전에는 또 다른 삼세불이 봉안되기도 한다. 과거 연등불, 현세 석가모니불, 미래 미륵불의 삼세불三世佛이다. 불법은 지금 눈 앞에만 있지 않다. 과거에도 있었고 미래에도 영원히 이어질 것이다. 삼세불을 도상으로 표현한 삼세여래탱이 후불벽에 봉안되어 앞에 좌정한 삼불상과 나란히 순례하는 대중을 맞아 넉넉한 자비로움을 내린다.

대광명전에도 비로자나불 한 분만 모시기도 하지만 삼불을 봉안하는 경우가 더 일반적이다. 진리 자체인 법신法身 비로자나불, 수행의 과보로 부처를 이룬 보신報身 노사나불盧舍那佛, 세상에 화현하여 보여준 화신化身 석가모니불의 삼신불三身佛이다.

역시 삼불에 대응하는 비로탱, 노사나탱, 석가탱의 삼불탱화가 봉안된다. 노사나불은 대체로 설법인說法印을 하고 다른 불상과는 달리 보살형 보관寶冠을 쓰고 있다.

6장 — 보살도의 길

대자대비의 관음전
지옥과 극락을 오가는 지장전

홍련암 __ 관음은 바닷가에 상주하면서 중생들의 바람에 응하여 원하는 바를 들어주는 대비보살이다. 우리나라 제일의 관음도량 낙산사 홍련암의 아침 햇살에 빛나는 모습.

대자대비의 관음전

부처의 교화를 도와 중생 구제에 앞장서며 자신의 구도에도 매진하는 이상적인 수행상이 보살菩薩이다. 이들을 봉안한 전각은 부처를 봉안한 전각 다음가는 자리에 선다.

수많은 보살 중에서도 사람들에게 가장 친근한 보살이 관음觀音보살이다. 세상의 모든 음성을 관하여 자신을 찾는 모든 중생들을 고난으로부터 구제해주는 관세음觀世音, 곧 관음보살을 봉안한 전각이 관음전觀音殿이다. 관음보살은 온갖 경우의 바람에 두루 대처해 주므로 원통圓通보살이라고도 한다.

『관음경』 곧 『법화경』 「관세음보살보문품」에는 여러 가지 고뇌를 받는 일체 중생이 일심으로 관세음보살의 명호名號를 부르면 관음이 즉시 그 음성을 관하고 모두 해탈을 얻도록 한다고 한다. 물과 불의 환난에 있을 때나 바다에 빠졌을 때, 도적

홍련암 내부 __ 바위를 가로질러 올라 앉은 자그마한 홍련암 법당의 규모에 어울리게 봉안한 아담한 관음보살. 원통보전의 원만한 관음은 본당 주존의 품격을 보여주고, 이 홍련암 관음은 염불 기도에 어울리는 형상을 갖추었다.

이나 악귀가 해치려 하거나 옥에 갇혔을 때와 같은 칠난七難이 그런 고난이다. 뿐만 아니라 탐냄貪, 성냄瞋, 어리석음痴의 삼독三毒에서 벗어나고 아들 딸을 원하는 대로 얻는 마당에도 관음은 구제력을 발휘한다. 이처럼 많은 경우의 부름에 응해야 하기에 관음은 33가지의 몸을 응현하여 그 구제력을 구체화하고, 천수관음처럼 대비심다라니大悲心陀羅尼를 연설하며 일체 장애를 없애고 안락과 풍요를 얻도록 이끌기도 한다.

『화엄경』『입법계품』入法界品에는 선재善財동자가 여러 선지식을 두루 찾아다니며 보살행과 보살도를 묻는 중에 남방 해상에 있는 보타락가산普陀洛

홍련암 기도대

신라 의상대사가 파도를 맞아 기도하여 관음을 친견하였다는 홍련암 바로 아래. 홍련암 법당 바닥에 뚫린 손바닥만한 틈으로 내다보아도 흉흉한 파도가 휘감아 돌 때면 포효하는 소리가 순례자의 마음을 곧추세운다.

迦山에서 상주 설법하는 관세음보살을 찾는다. 샘물이 흘러 연못을 이루고 나무는 울창하여 풀이 부드럽게 나 있는 보타락가산의 아름다운 환경 속에서 중생에게 설법하는 관음의 모습에 따라 관음도량은 낙산사나 보리암처럼 바닷가에 베풀어진다.

상원사 문수

지혜의 상징인 문수보살은 석가모니불의 곁에만 있는 것이 아니라 이렇게 독존으로 모셔져 기도의 대상이 되기도 한다.
문수도량 오대산의 상원사 동자 문수는 세조의 간절한 기원이 서려 이룬 일품이다.

상원사 동자
―
문수 동자상 앞에 두 손을 모아 선 아기 동자의 순진무구한 모습.

화계사 지장전 __ 왕실 대가의 복전이던 화계사에는 돌아간 이의 복을 빌어줄 지장전의 구성이 빼어나다. 지옥 중생을 남기지 않고 구제해 올리려는 지장보살과 도명존자 무독귀왕 삼존상의 원만한 자태.

지옥과 극락을 오가는 지장전

사람은 죽게 되면 금생의 행위에 따라 극락에 낳기도 하고 지옥에 떨어지기도 한다. 지장地藏보살은 지옥에 있는 중생을 마지막 한 사람까지 모두 구제하겠다는 서원의 보살이다.

지장이란 모태가 아기를 잉태하듯이 땅이 만물을 길러내는 힘을 지니고 있는 존재를 뜻한다. 지장보살은 석가불이 입멸한 뒤에 미래불인 미륵불이 출현하기 전까지의 무불無佛시대, 곧 온 세상이 혼탁한 오탁악세五濁惡世에 번뇌와 죄업으로 고통받는 이들을 제도하는 것을 임무로 삼는 보살이다. 육도에서 윤회하는 중생들을 모두 구제하려는 크나큰 원력의 보살이므로 대원본존大願本尊 지장보살이라 일컫는다.

육도 중에서도 가장 힘든 곳인 지옥에 중생이 한 사람이라도 남아 있다면 자신은 결코 부처가

보살도의 길 | 213

화계사 시왕 __ 화계사 지장전의 시왕상. 사람이 죽으면 열 번에 걸쳐 차례로 생시의 잘잘못을 판단하는 시왕들이 제왕의 복장을 갖춘 늠름한 모습으로 명장의 손길따라 봉안되었다. 불보살상에 비해 표현이 자유로워 뛰어난 조형미를 내보인다.

되지 않으리라는 서원을 가졌기에 지장보살을 본존으로 하는 지장전地藏殿은 지옥 중생을 구제하는 전당이 된다. 지장보살은 다른 보살들과는 달리 성문聲聞, 곧 승형僧形 비구의 형상으로 묘사된다. 때로는 두건을 쓴[被帽] 형태로 그려지기도 한다. 대개 육도를 상징하는 육환장六環杖을 짚고 보주寶珠를 든 형상이다.

깨달음의 세계는 윤회에서 벗어난 해탈의 세계이지만 미혹한 중생들의 세계는 자신의 업業에 따

화계사 시왕

라 육도의 윤회를 계속해야 하는 세계이다. 육도 六道는 아래로부터 지옥·아귀·축생·아수라·인간·천상을 말한다. 본래는 아수라를 제외한 오도를 꼽기도 하였다. 천상은 인간의 욕망이 남아 있는 욕계欲界 6천이 지상으로부터 사천왕천, 도리천, 야마천, 도솔천, 화락천, 타화자재천의 순으로 있고, 그 위에 물질 의식이 남아 있는 색계色界 12천이 있으며 다시 그것마저 뛰어 넘은 무색계無色界 4천이 있어 천상은 모두 28천이 된다.

보살도의 길 | 215

시왕탱 염라대왕

시왕탱 태산대왕

시왕상마다 하나씩 짝지워 마련한 탱화에는 위로 시왕이 권속들에 싸여 좌정한 모습이 있고 아래에는 시왕 하나마다 하나씩의 지옥이 있어 사람들이 지옥에 가지 않도록 선행을 닦을 것을 일깨우는 지옥 그림이 있다. 염라대왕과 태산대왕이 유래가 가장 뚜렷한 시왕이다.

제1 진광대왕도의 철상지옥 __ 칼을 쓰고 판관의 질책을 받으며 죄 다스림을 기다리고 있는 중생들 옆에서 판관이 두루말이에 적힌 죄과를 읽으면 귀졸이 사람을 철판 위에 눕혀 놓고 쇠못을 박는 철상鐵床지옥의 모습. 가운데 지장보살이 합장하고 서서 죄인들의 구제를 약속한다.

해탈의 경지에는 이르지 못하더라도 선업을 지어 천상에 태어나면 좋겠지만 현실적으로 갖가지 번뇌 속에서 살아가는 중생들에게는 잘못되어 지옥에 떨어지지 않을까 더욱 두렵다. 그래서 일찍부터 지옥의 고통과 두려움에 대해 많은 생각들을 해왔다. 인도에서는 인간의 선악 행위를 판정하는 사후의 재판자로 염마閻魔를 들었으며, 중국에서는 도교에서 절대자인 천제天帝에 예속되어 인간의 수명과 길흉화복을 장악하는 지부地府의 태산부군泰山府君이 사람들의 신앙의 대상이었다. 그래서 인도의 염마왕 신앙과 도교의 태산부군 신앙이 결합하여 염라왕이 지옥의 천자로서 오도五道대왕·팔왕과 함께 시왕을 이루어 태산부군을 판관으로 거느리고 지옥을 지

제2 초강대왕도의 박피지옥 __ 사람을 판자에 묶어 세우고 배꼽에서 창자를 길게 길게 뽑아내는 박피剝皮지옥.

배하며 인간의 수명을 관장하고 한다는 신앙이 생겨났다.

 사람이 죽으면 49일 동안 육도 중의 어디에 업보를 받아야 할지 중음신中陰身으로 이곳저곳을 떠돌다가 49일째에 자리를 잡는다는 것이 불교의 사후 세계관이다. 이것이 중국의 삼년상三年喪 관념과 결합하면서 명부 시왕과 연계되었다. 죽고 나서 일곱 번의 7일과 100일과 소상小祥과 대상大祥까지 헤아리면 열 번이 된다. 그때마다 시왕 앞에 차례로 나가 자신의 생시 행업行業에 대해 재판을 받는다. 거짓말을 하려 해도 업경대業鏡臺가 곁에 놓여 있어 그대로 환히 비쳐 보이기 때문에 소용이 없다. 잘못한 행위에 따라 갖가지 지옥이 기다리고 있으니 팔열八熱지옥과 팔한八寒지옥이 그 대표

보살도의 길 | 219

제3 송제대왕도의 발설지옥 __ 생전에 거짓말한 사람이 형틀에 묶여 피를 흘리며 혀가 길게 뽑히고 그 위에서는 귀졸이 소를 몰며 쟁기질을 당하는 발설拔舌지옥.

적인 것이다.

    지장전에는 승형 지장보살과 승형 도명道明 존자와 제왕형 무독귀왕無毒鬼王의 삼존이 주존으로 봉안되고 역시 제왕형의 시왕상이 좌우에 나란히 선다. 시왕十王은 진광秦廣·초강初江·송제宋帝·오관五官·염라閻羅·변성變成·태산泰山·평등平等·도시都市·오도전륜五道轉輪대왕이다. 시왕상의 사이사이에는 귀여운 동자童子상이 혹은 복숭아를 받들고, 혹은 연화를 이고 서 있다. 그 바깥으로는 시왕을 돕는 여러 명의 귀왕鬼王 옥졸獄卒과 판관判官과 사자使者 녹사錄事 장군 등이 시립해 있다.

    이런 지장전의 성중을 사천왕 제석 범천의 성중과 함께 한 장면에 담은

제4 오관대왕도의 확탕지옥 __ 생물을 죽여 고기를 먹은 사람들을 철창으로 꿰어 끓는 가마솥에 통째로 넣는 확탕鑊湯지옥.

것이 지장보살도이다. 조선시대에 들어 성리학 중심의 사회 질서가 일반화되자 불교는 사원의 유지를 위해서 사람들의 지옥에 대한 불안감을 해소해 줄 수 있는 지장신앙을 적극적으로 내세우게 되고, 이는 전란과 같은 현세의 고통과 연계되어 사람들에게 널리 수용되게 되었다. 그래서 사원에 지장전이 다수 건립되었다.

명부전冥府殿이라고도 하는 지장전에는 지장보살을 주존으로 하는 탱화가 봉안된다. 지장전에는 주존 지장보살 외에 시왕탱十王幀이 함께 봉안되며 천장天藏·지지地持·지장의 삼장탱三藏幀이 봉안되기도 한다.

시왕 중에서 제1 진광秦廣대왕은 죽은 자의 첫 이레에 죄과를 재판하여

제5 염라대왕도의 대애지옥 __ 업경대에 짐승을 때려 잡은 과보가 나타난 사람을 한꺼번에 몇 명씩 쇠절구에 넣어 쇠방아로 찧는 대애大磑지옥.

사람들이 악을 끊고 선을 닦도록 이끄는 역할을 한다. 제2 초강初江대왕은 이칠일째에 망자들이 삼도천三途川을 건너오는 초강 가에 관청을 세우고 이를 감시한다. 제3 송제宋帝대왕은 대지옥에 살며 별도로 16지옥을 두고 삼칠일째에 죄의 경중에 따라 죄인을 각 지옥으로 보내는데 특히 사음邪淫을 다스린다. 제4 오관五官대왕은 사칠일째에 업의 저울을 가지고 망어妄語를 다스리는데, 수水·철鐵·화火·작作·토土 오관이 각각 살인 도둑질 사된 행동 거짓말 음주를 맡아본다. 제5 염라閻羅대왕은 오칠일째에 업경業鏡으로 죄인의 현세에서의 일체 선악 행위를 비춰 보아 그에 따라 벌을 준다. 제6 변성變成대왕은 육칠일째에 앞서 재판을 받고도 죄가 남은 사람이 있으면 지옥에 보내 벌을 받게 한다. 본래 도교의 태산부군인 제7 태산泰山대왕

제6 변성대왕도의 도산지옥 __ 칼이나 몽둥이로 남을 괴롭혔던 사람을 옥졸이 창으로 몸을 꿰어 날카로운 칼로 된 산에 던져 꽂는 도산刀山지옥.

은 인간의 수명을 관장하던 염라대왕의 서기로 칠칠일째에 망자의 선악을 기록하여 죄업에 따라 생처生處, 또는 지옥에 보내는 일을 정한다. 이로써 49일째 되는 날에 중음中陰을 벗어나 새로운 생처를 찾게 된다. 제8 평등平等대왕은 망자의 백일에 팔한八寒·팔열八熱지옥의 사자와 옥졸을 거느리고 공평하게 죄와 복을 정한다. 제9 도시都市대왕은 망인의 생처를 정하기 위해 친족들에게 공덕을 쌓을 것을 권장하며 공덕의 중요성을 강조한다. 제10 오도전륜五道轉輪대왕은 죽은 후 여러 왕을 거치며 죄를 재판받은 중생의 어리석음을 다스려 다시 태어날 곳을 결정한다.

갑옷에 투구를 쓰고 무사 복장을 한 오도전륜대왕 외에는 모두 제왕상으로 관복에 통천관通天冠을 썼으며, 특히 염라대왕은 작변爵弁 또는 면류관冕

제7 태산대왕도의 거해지옥 __ 두 판을 높이 세워 사이에 묶은 사람을 옥졸이 양쪽에서 톱으로 써는 거해鋸解지옥.

旒冠을 쓰고 있는 경우가 많다. 염라대왕이 머리에 책을 이고 있는 형상도 적지 않은데, 이 책은 사람의 운명을 적어 놓은 것으로 시왕을 대표하는 염라대왕에게 맡겨진 것이다.

시왕탱은 위쪽에 의좌에 좌정한 시왕이 판관과 사자 천인 동자 옥졸들을 거느리고 업행을 재판하는 광경을 그리고, 채색 구름으로 구분한 아래로는 고통받는 지옥 중생들을 그렸다.

죽은 자를 줄줄이 묶어 목에 칼을 채워 판관의 질책이 시작되는 한편에서는 관에서 끌려나온 망자를 철판에 뉘여 놓고 쇠못으로 박는 철상鐵床지옥이 있다. 칼을 쓴 죄인의 죄과를 문서로 확인하며 죄인을 판자에 묶어 세

제8 평등대왕도의 중합지옥 __ 널찍한 바윗돌 사이에 사람을 무더기로 끼워 놓고 옥졸이 올라타서 돌판을 내리누르며 죄인을 짓이기는 중합衆合지옥.

워 놓고 배꼽을 통해 창자를 뽑아내는 박피剝皮지옥이 있다. 망자들은 두 손 모아 판관들에게 잘못을 빌어보지만 거짓말한 죄인은 형틀에 묶고 혀를 길게 늘여 그 위에서 옥졸들이 쟁기질을 하는 발설拔舌지옥이 있다. 생물을 죽이거나 고기를 먹은 죄인들은 철창으로 꾀어 끓는 가마솥에 넣는 확탕鑊湯지옥이 있다. 업경대에 짐승을 죽인 과보가 확인된 죄인은 쇠절구에 넣어 쇠방아로 찧는 대애碓磑지옥이 있다. 칼로 남을 괴롭힌 망자는 옥졸이 날카로운 칼로 된 산에 던져 꽂는 도산刀山지옥이 있다. 형틀에 묶인 죄인을 옥졸이 양쪽에서 톱으로 써는 거해鋸解지옥이 있다. 철판 사이에 죄인들을 끼워 놓고 철판을 내려뜨려 옥졸이 올라타고 죄인을 조이는 중합衆合지옥이

제9 도시대왕도의 한빙지옥 __ 발가벗긴 사람들이 빙산에 갇혀 추위에 떠는 한빙寒氷지옥.

있다. 죄를 저울에 달아 경중을 구별하고 죄인은 빙산에 갇혀 매서운 추위에 떠는 한빙寒氷지옥이 있다. 재판이 끝난 죄인들은 육도윤회의 길로 떠나기 위해 머리에서 육도를 뽑아올리는 옥졸 주변에 모여 다음 길을 준비하는 흑암黑暗지옥이 있다. 어느 장면이나 지옥의 현장에는 이곳에서 구제하려는 지장보살이 있다.

지옥도는 지옥을 보여주는 것으로 끝나지 않는다. 이런 고통을 당하지 않도록, 부디 행동을 바르게 하여 지옥의 고통을 맛보지 않도록 바른 길로 이

제10 오도전륜대왕도의 흑암지옥 __ 자신의 업보에 따라 육도 윤회의 길로 떠나는 한편에 악귀들이 귀를 세운 흑암黑暗지옥.

끌기 위한 것이다. 지옥이 아니라 좋은 곳으로 가도록 선행善行을 닦고, 나아가 윤회를 깨뜨리고 해탈을 이루어야 하겠다는 다짐이 바로 이 지장전에서 이루어져야 한다. 다만 그런 선행을 이루지 못한 채 저승에 간 망자亡者들을 위해서 지장전에서는 제사를 올린다. 특히 7월 보름 백중날 곧 백 가지 과일을 마련하여 공양하는 백종절百種節에 가신 이를 위한 자리를 마련하고 이들의 넋을 구제하려는 것이 우란분절盂蘭盆節이다.

7장 기도와 바람

산신각과 독성각의 기도
생명과 안전의 기원 칠성각

화계사 삼성각 — 산신과 독성과 칠성을 함께 봉안한 삼성각.

산신각과 독성각의 기도

조선시대에 들어 불교가 국가의 억제정책으로 사원의 운영이 어렵게 되자 우리나라에서 전통적으로 믿어왔던 재래신앙을 불교 사원 내에 수용해 들여 자구책을 모색하였다. 산신각山神閣은 산악숭배 관념에서 비롯된 우리 전통신앙을 대표하는 믿음이다. 칠성각七星閣은 도교道敎에서 비롯된 칠성신앙이 민간에 수용된 것으로 사람의 수명을 관장하는 칠성신에 빌어 오래 살고자 하는 바람을 치성광여래와 7여래로 변용하여 들인 것이다. 독성각獨聖閣은 천태산에서 혼자 수도하여 3명[宿命·天眼·漏盡明] 2리[自利·利他]를 얻은 말법 중생의 구제자 나반존자那畔尊者를 모신 전각이다. 이들 셋은 각각 독립된 전각으로 되어 있기도 하지만 하나로 합쳐져 삼성각三聖閣으로 세워져 있기도 하다. 주 법당보다 위쪽의 한적한 곳에 마련되어 기도에 적합한 여건을

갑사 삼성각 산신탱 __ 이웃 할아버지 같은 수염이 허연 산신이 호랑이를 곁에 끼고 인자하게 미소짓는 산신탱.

갖추었다. 대웅전과 같은 '전'이 중심 건물이라면 '각'은 부차적인 위치를 갖는다.

우리는 예로부터 산악 숭배 관념이 지대한 영향력을 가지고 있었다. 그래서 일찍부터 신성한 곳으로 믿어지는 산에 제사를 드리고, 산에는 산신山神이 있다고 생각해 왔다. 신라 때는 국가적으로 중요한 다섯 산, 곧 동 토함산·남 지리산·서 계룡산·북 태백산·중 팔공산을 오악五岳으로 지정하여 국가가 주재하는 제사를 올렸으며,

갑사 삼성각 독성탱 __ 수행의 힘이 얼굴에 묻어나는 나반존자가 인자한 미소로 기도하는 순례자를 맞는 독성탱.

이는 고려나 조선시대까지 지속되었다. 이런 전통 신앙의 산악 숭배가 사원 내부에 자리잡은 것이 산신각이다.

중국에서는 수나라 때 천태산 국청사에 가람의 수호신으로 산왕각山王閣을 두었고, 당나라 때는 산지가람에 산왕을 다투어 봉안하여 도량의 외호를 기원하였다고 하니 우리나라의 경우도 이른 시기부터 산신 숭배 신앙을 사원에서 수용해 들였을 것이다. 다만 현재 남아 있는 기록이나 유물은 조

운문사 사리암 나반존자

부처가 열반에 든 후 중생 제도를 맡아 산중 수도하는 나반존자 중에서
기도의 효험이 으뜸으로 꼽히는 사리암 나반존자.

거조암 산신각 __ 주 법당보다 한 단 높게 그러나 절의 중심에서 벗어난 한적한 곳에 마련하여 우리 전래의 산신을 봉안하고 기도하는 산신각.

선 후기의 것 뿐이어서 이 시기에 사원의 운영과 발맞추어 신앙 체계를 재편하며 사원에 확고하게 정착된 것으로 보인다.

독성각은 장차 부처가 되리라는 석가모니불의 수기를 받아 남인도에 있는 천태산에서 수도하고 있는 나반那畔존자를 봉안한 전각이다. 부처가 열반에 든 후에 중생을 제도한다는 이 존자는 천태존자라고도 한다. 수도하는 형상으로 인해 기도의 효력이 잘 나타난다고 하여 기도자들이 자주 찾는 전각이다. 독성탱은 깊은 산중에서 홀로 수도하는 수도자의 맑고 고결한 인상이 친근한 산수를 배경으로 그려진다.

용화사 칠성각 — 치성광여래와 칠여래와 칠원성군이 늘어서서 오래 살고 새 생명 얻기를 고대하는 기도자를 맞는 칠성탱.

생명과 안전의 기원, 칠성각

칠성七星은 북두칠성北斗七星을 말한다. 밤하늘에서 가장 뚜렷하게 구별되는 일곱 별자리로서 방향을 알려주는 길잡이였기에 칠성은 별들의 대표이자 하늘의 해와 달과 별들을 모두 지배하는 하늘의 주재신으로도 여겨졌다. 도교에서는 또한 사람의 수명을 이 북두칠성이 관장한다고 생각하였다. 때문에 후사를 잇고자 하거나 오래 살고 싶어하는 인간의 바람은 이 칠성신을 불교에 수용해 들였다. 그래서 중국에서 당대에 칠성을 맡는 도교의 칠원성군七元星君을 7여래로 변용하고 치성광여래熾盛光如來가 이들을 주재하도록 하였다. 『북두칠성연명경北斗七星延命經』에서는 일체중생의 중죄를 소멸하는 것이 북두칠성의 위신력이고 대소 생명이 모두 북두칠성의 소관이라 하였다. 그래서 이런 경전을 읽고 공양하면 지옥에서도 극락으로 구제되고 살아서는

기도와 바람 | 237

통도사 가람각

— 통도사 가람각에 봉안된 가람 수호의 주인공.

질병을 없애주고 재산을 보전해주며 자식을 만들어주고 모든 재난을 없애준다고 설한다. 칠성이 천재지변을 관장하고 재앙을 물리치는 존재로 여겨진 것이다.

　치성광여래는 일광보살과 월광보살을 양 협시로 하여 탐랑성貪狼星·거문성巨門星·녹존성祿存星·문곡성文曲星·염정성廉貞星·무곡성武曲星·파군성破軍星의 칠성에 해당하는 운의통증運意通證여래·광음자재光音自在여래·금색성취金色成就여래·최승길상最勝吉祥여래·광달지변廣達智辨여래·법해유희法海遊戲여래·약사유리광藥師瑠璃光여래의 7여래를 거느린다. 칠성탱은 여기에다 북두대성과 칠원성군과 삼태육성三台六星 28수宿까지 등장하는 큰 무리를 이룬다. 해와 달과 별을 통솔하는 치성광여래가 자연 현상을 두루 관장하는 역할을 맡게 된 것이다.

통도사 가람각 __ 일주문을 들어서서 한쪽에 나직이 자리잡아 가람을 지켜주는 수호신을 모신 가람각.

8장 ― 부처와 제자

붓다의 삶과 가르침― 팔상전
위대한 스승을 따라서― 영산전과 나한전
십대 제자의 탁월한 수행
존경을 받을 성자 십륙 나한

팔상도 비람강생 ─ 부처의 생애에는 온갖 불교의 가르침이 다 들어 있다. 부처의 생애를 제대로 알면 불교는 태반 이해한 것이나 다를 바 없다. 그래서 절에 가장 많이 그려진 벽화가 팔상도이다. 이중에서 더 가려 뽑자면 룸비니 동산에서 태어나서(비람강생) 성을 넘어 출가하고(유성출가) 고행 끝에 보리수 밑에서 성도하여(수하항마) 널리 법을 펼치다 사라수 밑에서 열반에 드는(쌍림열반) 네 장면이 불교 4대 명절을 이루는 중요한 자취가 된다.

팔상전 – 붓다의 삶과 가르침

석가모니불은 대웅전 외에도 영산전·팔상전·나한전 등의 후불탱화에도 주불로 모셔진다.

팔상전八相殿은 석가모니불의 일생 중에서 중요한 여덟 장면을 드러내 조성한 전각이다. 그래서 석가모니불이 설법하는 장면을 생생하게 재현하고 석가모니불과 제자들의 상을 봉안한다. 제자들은 가섭과 아난을 필두로 십대 제자 혹은 십륙 나한이 모셔진다. 불화는 대체로 후불탱과 생애의 중요한 여덟 장면을 가려뽑은 팔상탱을 봉안한다. 도솔래의兜率來儀·비람강생毘藍降生·사문유관四門遊觀·유성출가踰城出家·설산수도雪山修道·수하항마樹下降魔·녹원전법鹿園轉法·쌍림열반雙林涅槃의 8폭이 그것이다.

실제로 붓다의 생애에 온갖 불법의 가르침이 다 들어 있다. 태어나서 깨달음을 위해 정진하고 열반에 드는 한 삶의 과정이 곧 진리의 장인 것이다. 그래서 붓다의 생애를 보면 불법을 다 볼 수 있다. 따라서 석존이 태어나서 열반에 들기까지의 생애는 불교도들의 가장 지대한 관심사였다. 석존이 입멸한 후 위대함이 추모되던 그 생애는 점차 역사적인 실재에 초인적인 전설이 부가되어 불전설화佛傳說話를 형성하였다. 그리고 이러한 불전의 변화

팔상도 유성출가

팔상도 수하항마

팔상도 쌍림열반

는 그대로 조각과 그림으로 만들어져 석존에 대한 추모 신앙을 이끌었다.

처음에는 붓다의 생애와 관련하여 4대 영장靈場이 불교도들의 순례의 대상이었다. 탄생지 룸비니藍毘尼와 성도지 부다가야佛陀加耶와 초전법륜지 녹야원鹿野苑과 열반지 쿠쉬나가라拘尸那揭羅가 그것이다. 탄생하여 출가하고 깨달음을 이루어 열반에 드는 생애의 가장 중요한 네 부분이 비람강생毘藍降生 · 유성출가踰城出家 · 수하항마樹下降魔 · 쌍림열반雙林涅槃으로 정착된 것이다.

여기에 도솔천에서 코끼리를 타고 모친 마야부인의 태에 드는 도솔래의兜率來儀, 생로병사의 모습을 보는 젊은 날의 사문유관四門遊觀, 출가 후 수행하는 설산수도雪山修道, 녹야원에서 5비구에게 첫 설법을 한 녹원전법鹿園轉法을 합쳐 팔상이 된다.

법주사 팔상전

석가모니불이 대중과 함께 좌정한 뒤로 도솔래의상과 비람강생상의 팔상탱을 봉안한 법주사 팔상전의 남면. 오백 불상이 함께 자리한 것이 특이하다.

법주사 팔상전
—
삼존불상과 사문유관상과 유성출가상의 팔상탱을 봉안한 법주사 팔상전의 동면.

법주사 팔상전
―
삼존불상과 설산수도상과 수하항마상의 팔상탱을 봉안한 법주사 팔상전의 서면.

법주사 팔상전

우리나라에 드문 석가 열반상과 녹원전법상과 쌍림열반상의 팔상탱을 봉안한 법주사 팔상전의 북면.

천상에서 이땅으로

팔상의 첫 장면은 도솔천에서 내려와 모친의 태에 들어오는 도솔래의兜率來儀상으로 시작한다. 이 세상에 크나큰 광명을 밝힐 위대한 자 붓다는 태어날 자리부터 덕을 많이 쌓은 청정한 집안을 선택해야 한다. 과거 오랜 선업善業을 쌓아 그 공덕으로 도솔천에 머무르며 수행하던 보살이 어느 곳에 탯자리를 잡아야 할지 이 임무를 맡은 금단金團천자가 고르고 골라 정한 것이 고타마瞿曇씨 집이었다.

흰 코끼리 위에 앉은 호명護明보살이 구름을 타고 지상에 내려온다. 보살 주위에는 십여 명의 크고 작은 천왕들이 역시 구름을 타고 둘러싸고 있으며 천동 천녀와 주악중들이 앞장 서 일행을 이끈다. 향하는 곳은 2층의 누각으로 이루어진 마야摩耶부인의 침실이다. 이렇게 입태入胎한 소식을 부인은 슈도다나왕淨飯王에게 고하고 왕이 선상善相바라문을 불러 점을 치게 하니 훌륭한 왕자가 태어날 것을 예견한다.

다음 두 번째는 룸비니동산에서 붓다가 될 태자가 세상에 태어나는 비람강생毘藍降生이다. 붓다는 따뜻한 봄날 룸비니 동산에서 태어났다. 마야부인은 산달이 되어 친정으로 향하다 아름다운 꽃들이 피어난 룸비니 동산에서 산기産氣를 느껴 곧바로 오른손으로 무우수無憂樹 가지를 붙잡고 오른쪽 옆구리로 태자를 낳았다. 도솔천에서 마지막 하생下生을 기다리다가 지상의 가장 정결한 카필라迦毘羅국 슈도다나왕과 마야부인의 몸을 빌어 입태한 지 열 달만에 이 세상에 나와 대광명大光明을 발한 것이다.

이 수하탄생樹下誕生 장면에 태자가 누구의 부축도 없이 혼자서 사방으로 일곱 걸음을 걸으며 "천상천하에 오직 나만이 존귀하다"고 사자후獅子吼를

태자가 탄생하다 — 룸비니 동산에서 무우수 가지를 잡고 오른쪽 옆구리로 태자를 낳는 마야부인.

하는 사방칠보행四方七步行 장면이 더해졌다. 아홉 마리 용이 물을 토해 태자를 씻어주는 구룡관욕九龍灌浴 장면도 세분되었다.

"천상천하天上天下 유아독존唯我獨尊"의 탄생게는 "가장 존귀하고 뛰어나다, 이번이 최후의 생이다, 중생을 제도하기 위해 태어났다"는 세 가지 요소로 구성된다. 이 탄생게는 후에 붓다가 성도한 후 녹야원으로 향하면서 붓다의 자각自覺 선언을 나타내는 게송으로 변용되었다.

태자는 이름이 모든 것이 뜻대로 이루어진다는 싯다르타悉達陀였다. 어린 시절의 태자는 왕이 되기 위한 예비 수업으로 학문과 무예를 비롯하여 갖가지 수련을 쌓았다. 그러던 어느 해 봄 태자는 들에 나가 농사짓는 모습을 보게 되었다. 농부들이 논을 갈아엎는데 흙 속에서 벌레들이 죽어 나오고

부처와 제자 | 253

일곱걸음 걷고 사자후를 하다 __ 태어나서 곧바로 사방으로 일곱 걸음을 걷고 한손으로 하늘을 향하고 한손으로 땅을 가리키며 천상천하 유아독존을 외치는 태자.

동물들이 서로 잡아먹기 위해 싸우는 장면도 보았다. 사는 것이 무엇인가. 왜 자신의 삶에는 집착하면서 다른 존재의 삶은 생각지도 않는가. 이런 고민에 빠져 태자는 염부수閻浮樹나무 그늘 아래에서 고요히 명상에 잠겼다.

　태자의 얼굴에 서린 고민을 감지한 부왕은 태자의 마음을 돌리려고 여러 가지 노력을 기울였다. 여름 · 겨울, 그리고 봄 · 가을에 따로따로 즐길 수 있는 3궁전을 지어 주고 궁녀들이 태자의 곁에 시중 들며 환락의 세계에 젖도록 하였다. 그리고는 어서 태자비를 구하고자 애쓴 끝에 명망 있는 장자의 따님으로 재예와 미색이 견줄 바 없이 뛰어난 야쇼다라耶輸陀羅를 태자비로 맞아들였다.

세상의 삶과 수도의 길

세 번째는 사방의 문에서 생로병사와 출가 사문을 만나는 사문유관四門遊觀상이다.

또래들과의 무예 시합에서 기량을 한껏 발휘하는 등 한동안 왕자 역할에 충실하던 태자는 얼마 가지 않아 다시 큰 의문이 살아났다. 태자는 시종들과 함께 세상 물정을 알아 볼 겸 동문으로 나섰다. 그런데 뜻밖에도 길에서 한 노인을 만났다. 나는 이렇게 젊어 온 몸에 힘이 넘치고 즐거운 일들로 하루 해가 짧은데 저 노인은 어찌하여 저토록 늙어 힘도 없고 적적한가. 사람은 누구나 때가 되면 저렇듯 늙어 힘들게 되는 것인가. 태자는 차비를 거둬들여 곧바로 궁궐로 돌아왔다.

다음 번에는 남문으로 행차 길을 바꾸었다. 이번에는 길가에 병든 사람들이 고통을 못 이겨 괴로워하는 광경이 눈에 들어왔다. 다음에 서문으로 길을 나섰더니 이 세상의 명을 다해 하얀 거적으로 덮여 다른 사람들의 손에 들려 죽어나가는 광경을 보게 되었다.

다시 북문으로 길을 잡았더니 이번에는 출가 사문을 만나게 되었다. 이제까지 본 사람들과는 다른 형형한 눈빛과 편안하기 그지없는 얼굴은 태자의 마음을 사로잡았다. 바로 그렇구나. 세상의 욕락이며 번뇌를 모두 놓아두고 지극한 도를 이루기 위해 수도하는 사문의 삶이야말로 내가 가야 할 길이다. 사대문으로 짝지어진 생로병사의 장면은 태자의 출가 의지를 북돋우려는 천자가 몸을 바꾸어 내보인 것이었다.

네 번째는 성을 넘어 출가한 유성출가踰城出家상이다.

사문을 본 후 태자의 마음은 태산같이 굳어졌다. 돌아와 부왕에게 출가

길에서 노인을 만나다 __ 동문에 나가 나이든 노인의 힘없는 모습을 보는 것을 시작으로 사방으로 다니면서 생로병사의 고통을 확인하는 태자.

를 허락해 줄 것을 간청하였으나 부왕은 거절하였다. 소생을 얻어 왕위를 계승할 후사를 얻어 놓고 나서 생각해 보라는 것이었다. 태자의 마음이 굳어졌음을 안 슈도다나왕은 태자의 출가를 경계하는 경비를 더욱 강화하였다.

부왕의 태도는 단호하였으나 태자의 큰 뜻을 꺾을 수는 없었다. 태자의 마음이 출가를 열망할수록 슈도다나왕은 욕락으로 돌려놓고자 하였다. 그러나 향연에 빠져 잠이 들었다 깨어본 헝클어진 자리는 가관이었다. 태자의 마음은 더욱 굳어갔다. 모두 잠에 떨어진 깊은 밤 태자는 마부 찬다카車匿가 끄는 애마 칸타카를 타고 성을 뛰어 넘어 출가를 결행한다. 제석천이 산개傘蓋를 들고 앞장서고 사천왕이 말 다리를 하나씩 들어 소리 없이 성을 넘으니 정거천은 성을 지키는 사람들도 잠들게 하였다. 수도자들이 많다는

성을 넘어 출가하다

크나큰 과제를 해결하기 위해 출가를 결심한 태자가 모두들 잠든 새 사천왕이 받든 말을 타고 성을 넘어 출가를 결행하다.

숲속으로 가다가 태자는 입고 있던 옷을 사냥꾼과 바꿔 입고 머리를 잘랐다. 가진 것들을 모두 마부 찬다카에게 주고는 왕궁으로 돌려보냈다.

설산의 수행과 크나큰 깨달음

다섯 번째는 흰눈으로 뒤덮인 설산에서 뼈를 깎는 수행을 하는 설산수도雪山修道상이다.

출가 이후 태자는 정열적인 수행에 몰두하였다. 먼저 당대의 수행인들이 모여 있던 중심지 왕사성王舍城에 가서 선정禪定 수행의 대가 아라다 칼라마

육년 동안 고행하다

설산의 험난함 속에서 치열한 선정과 처절한 고행을 모두 실천하여 육신이 지칠대로 지친 태자.

선인을 찾아가 수행하였다. 태자는 선인 밑에서 세간의 모든 욕망을 버리는 무소유처無所有處 경지에까지 올랐으나 이것으로서는 자신의 근본 의문을 해결할 수 없었다. 또 다른 대가 우드라카 라마푸트라를 찾아가 더욱 심오한 단계에 올라 표상이 있는 것도 아니고 없는 것도 아닌 삼매의 세계라는 비상비비상처非想非非想處의 경지에 올랐어도 결과는 마찬가지였다.

그래서 태자는 6년 간의 고행에 들어갔다. 제대로 된 음식을 먹지 않고 나무를 지붕 삼아 육신을 학대하는 속에서 정신적 희열을 얻는 고행으로 태자의 몸은 뼈만 앙상하게 남았다. 그 동안 태자 혼자서 수행하는 것을 염려한 정반왕은 콘디누야憍陳如등 다섯 사람을 태자 모르게 보냈다. 이들은

태자가 유혹을 이겨내다 __ 깨달음을 이룰 것을 굳게 다짐하고 보리수 아래에서 명상에 들자 온갖 번뇌 망상이 몰려들어 방해하는 중에 미녀들의 유혹도 거셌지만 태자는 모두 이겨낸다.

태자와 함께 험난한 수행을 하며 이를 잘 이겨내는 태자를 지켜보았다. 이런 수행은 설산雪山에서 이루어져야 박진감이 더한다. 그래서 수행하는 장면은 설산수도상으로 구성된다.

선정과 고행 이 두 극단이 모두 생사윤회의 근본 과제를 해결해주지 못한다는 것을 안 태자는 이제까지의 고행을 털어버리고 강물에 목욕하여 심신의 안정을 취했다. 그런 태자의 모습을 지켜보던 낭자가 우유죽을 끓여 공양하자 태자는 맛있게 받아먹었다. 이를 멀리서 지켜 본 5비구들은 태자가 고행을 못 이겨 수도자의 길을 저버렸다고 등을 돌려 숲속으로 사라졌다.

여섯 번째, 나무 아래 명상에 잠겨 일체의 장해를 물리친 수하항마樹下降

魔상은 성도成道상이다.

  태자는 평범한 보리수나무를 찾아 그 아래 자리를 잡고 명상에 들었다. 내가 이치를 깨치기 전에는 절대로 이 자리에서 일어나지 않겠노라는 굳은 다짐과 함께. 명상에 잠긴 태자에게 온갖 방해가 일어났다. 깨달음을 막아 보려는 마군魔軍들의 준동이었다. 때로는 엄청난 군대의 힘으로 공포에 휩싸이게 하기도 하고 때로는 마왕의 아리따운 세 딸을 보내 갖은 교태로 유혹하기도 하였다. 그러나 도를 이루겠다는 태자의 의지를 꺾을 수는 없었고 마왕은 태자에게 항복하였다. 그리고 어느 새벽 태자는 이 세상의 모든 이치를 훤히 알아 깨쳤다. 생사윤회의 굴레를 벗어난 해탈의 경지에 이른 것이다. 하늘에는 샛별이 빛나고 있었다.

진리의 전파와 위대한 열반

  일곱 번째는 녹야원에서 처음으로 진리를 설파한 녹원전법鹿苑轉法상이다.
  도를 이루어 세상에서 가장 존귀한 분이 된 붓다 세존世尊은 한동안 세상의 더없는 이치를 깨친 즐거움에 잠겨 있었다. 삼칠일 동안 법락法樂에만 잠겨 있자 범천이 그 훌륭한 가르침을 사람들에게 알려줄 것을 권하였다. 붓다는 중생들이 알아듣지 못할 것을 염려하여 주저하다가 다시 제석천과 범천이 함께 중생 구제를 권청하자 그제야 전법륜을 허락하였다. 그 첫째 대상은 6년 동안 가까이서 수행했던 5비구였다. 바라나시로 5비구를 찾아가서 사슴들이 노니는 녹야원鹿野苑에서 처음으로 법을 설하니 초전법륜初轉法輪이다.
  이 녹원전법상은 실로 붓다의 생애에서 가장 많은 시간을 차지하는 부분이

오비구들에게 설법하다

— 드디어 대각을 이루고 나서 중생 제도를 결심하고 함께 수행한 적이 있던 오비구에게 처음으로 법문을 설하는 붓다.

제타태자가 절을 지어 올리다

— 45년 동안 많은 중생들을 제도하는 가운데 급고독장자가 제타태자의 땅에 금을 까는 정성으로 마련한 땅에 절을 지어 올려 가람의 시초를 이루다.

사라수 아래에서 열반에 들다 __ 중생 제도의 길을 마치고 사라수가 줄지어 선 쿠쉬나가라에서 제자들과 산천초목 모든 중생이 오열하는 가운데 고요히 열반에 든 붓다.

붓다의 사리를 나누어 탑을 세우다
― 다비한 붓다의 사리를 고르게 여덟 몫으로 나누어 붓다 추앙의 토대가 되는 근본팔탑을 이루다.

고, 법을 설하여 이끌어 준 사실은 중생들에게 가장 의미 있는 부분이다. 법을 설하고 수행하는 공간도 마련되어 사원이 건립되는 모습도 나타나 있다. 항상 가난한 이들을 도와주기 좋아하던 급고독給孤獨장자 아나타핀디카가 붓다를 존경하여 사위성의 왕자 제타祇陀태자의 땅을 금을 깔아서라도 사겠다는 의지로 이룩한 기원정사祇園精舍를 세우는 장면이다. 붓다에게 기부한 사원은 이밖에도 왕사성의 빔비사라頻毘娑羅왕이 기부한 최대의 사원 죽림정사竹林精舍가 이름 있다.

마지막 여덟 번째는 사라수가 늘어선 곳에서 고요히 열반에 든 쌍림열반雙林涅槃상이다.

45년 동안 중생들을 깨우치고 제자들을 이끌며 큰 빛을 드리운 채 붓다는 80세에 열반에 들었다. 모든 존재는 생기면 사라지는 이치를 보여주기 위해서, 이 길은 붓다도 벗어날 수 없다는 이치를 보여주고자 열반에 든 것이다. 최후의 여행을 마치고 쿠쉬나가라의 나이란자나希連禪河강에서 목욕을 하고 사라沙羅나무가 줄지어 선 곳에서 고요히 열반에 들었다. 부처가 오른쪽 팔을 굽혀 머리에 대고 편안하게 누워 있다. 비통에 잠겨 통곡하는 제자들 사이로 제 보살들과 인천人天들이 함께 하고 날짐승과 들짐승 등 온갖 중생들이 모두 모여 슬퍼한다.

열반한 붓다가 남긴 사리를 모셔간 왕들은 8개의 보탑寶塔을 이루었다. 불멸 후 붓다에 대한 신앙은 이 탑塔을 중심으로 하여 이루어졌다. 탑에 세워진 탑원塔院은 신앙의 중심지였고, 출가 수행자들의 수행 공간인 승원僧院과 함께 교단의 기둥이었다. 탑은 또한 후대에 새로운 대승 정신이 일어나는 출발점이기도 하였다.

봉은사 영산전 석가모니불과 가섭 아난의 양대 제자를 협시로 삼존을 이루고 십육 나한과 함께 석존 생시의 영취산 회상을 재현하는 영산전.

위대한 스승을 따라서
—영산전과 나한전

팔상전은 석존의 생애 중 가장 대표적인 여덟 장면을 모아 엮은 전각이다. 그 중에서 대중들에게 가장 의미 있는 것 중의 하나가 석존이 널리 법을 설하는 모습이다. 석존의 설법 중에서는 영취산에서의 설법이 제일 많다. 석존이 항상 설법하던 영취산을 법당으로 재현한 것이 영산전靈山殿이다. 그래서 영산전은 석가모니불과 십대 제자를 비롯한 권속들이 자리잡고 있다.

석존의 뛰어난 제자를 일컫는 것으로는 십대 제자 외에 십륙 나한이 있다. 나한전羅漢殿은 석존과 십륙인의 뛰어난 제자 십륙 나한을 봉안한 전각으로 응진전應眞殿으로도 부른다. 제자를 더 확대하

부처와 제자 | 265

봉은사 십륙 나한

여 석가삼존을 중심으로 오백 나한을 봉안한 오백전五百殿도 있다.

불교 교단은 붓다와 제자들과 이들을 따르고 뒷받침하는 사람들이 있음으로써 이루어진다. 붓다에게는 항상 따르는 제자만 해도 천 이백 오십인의 대성중大聖衆이 있었지만 그 중에서 가장 뛰어난 제자가 십대 제자와 십륙 나한이다.

십대 제자는 열 가지 분야를 들어 각 분야에서 가장 붓다의 가르침을 잘 실천한 인물로 묘사된다. 그래서 십대 제자는 각 분야의 제일第一이라는 칭호를 갖는다.

나한은 아라한阿羅漢을 줄인 것이다. 세상의 존경을 받고 공양을 받을 만한 자격이 있는 존자라는 뜻에서 응공應供이라 풀어 말한다. 번뇌를 끊고

봉은사 십륙 나한 __ 영산회상에 참례한 석존의 뛰어난 16제자를 갖가지 용모와 자세로 조각하고 탱화로 그려 함께 봉안한 영산전의 모습.

더 이상 생사윤회를 거듭하지 않는 성자로서 최고의 깨달음을 이룬 자이다. 부처의 가르침을 듣고 깨우침을 얻은 성문聲聞들을 네 단계로 나누는데 수다원·사다함·아나함에 이어 그 마지막 단계가 아라한이다. 아라한은 여섯 가지 신통력과 여덟 가지 해탈법을 갖추어 번뇌를 아주 떠난, 부처에 버금가는 성자이다.

기림사 응진전 __ 석존의 설법 회상을 재현하는 오백 제자의 형상을 단독 상 2인 3인 그리고 더 많은 여러 제자가 한자리에 둘러앉은 다양한 나한상을 새겨 줄지어 봉안한 기림사 응진전.

송광사 승보전 __ 석존과 제자들을 조형으로 ○○한 승보전. 앞줄의 십대 제자 좌상과 양옆의 십륙 나한 입상을 비롯하여 1250제자를 한자리에 모아 정대한 회상을 이루었다.

십대 제자의 탁월한 수행

십대 제자 중에서도 가섭迦葉과 아난阿難 존자가 첫손 꼽히는 큰 제자이다. 십대 제자는 제각기 가장 뛰어난 분야가 있다.

가섭은 붓다 석가모니의 법을 첫 번째로 전수한 전법傳法제자이다. 아난은 붓다 전법의 후반 동안 한시도 곁을 떠나지 않고 모셨다. 나이가 많았던 가섭은 나이든 비구의 모습으로 표현되고, 나이도 젊지만 잘 생겼던 아난은 젊게 그려 사뭇 대조를 이루며 부처의 양옆에서 시립하고 있다. 종종 뭇 제자들을 대표하여 이 두 존자만 그려지기도 한다.

가섭과 아난존자를 첫손꼽지만 실제로 붓다가 살아 있던 당시에 제일 존장이던 제자는 사리불과 목련 존자이다. 이들은 어릴 때부터 친분이 두터웠던 사이로 육사외도의 한 사람인 산자야의 문하에서 명망을 떨치다가 붓다의 가르침에 대한 말을 듣고 감복하여 250명의 제자들을 이끌고 붓다에

십대 제자 —

석존의 가장 탁월한 제자로 한 분마다 특출한 능력을 가진 가섭·아난·사리불·목련·수보리·부루나·가전연·아나율·우바리·라후라 존자 등 열 분의 제자.

게 귀의하였다. 이들은 당시 이미 장로長老가 되어 있던 인물들로서 붓다보다 먼저 열반에 들었다.

사리불舍利弗은 지혜智慧제일로 꼽힌다. 갖가지 해박한 지식을 가졌고 통찰력도 빼어났으며 교단의 통솔에도 능력을 발휘하여 붓다는 이런 사리불을 장자長子라고 하였다. 그래서 먼저 입문한 제자들을 제치고 붓다로부터 상좌上座의 위치를 허락 받았다. 불교 이외의 사상에도 능통하였으므로 외도外道들의 잘못된 생각을 타파하는데 노력을 기울였다.

목련目連은 신통神通제일의 뛰어난 신통력으로 유명하다. 그래서 이 신통력으로 돌아간 어머니가 아귀로부터 심한 고통을 받고 있는 것을 보고 붓다의 가르침에 따라 공양을 드려 구출하였다는 이야기의 주인공이다. 7월 백중날의 우란분절盂蘭盆節 행사나 굶주림에 고통받는 망령을 위안하는 시아귀회施餓鬼會는 목련에게서 유래한다.

가섭迦葉은 욕심이 적고 족한 줄을 알아 엄격한 규율을 행하며 거친 옷과 거처에 구애되지 않고 지상의 목표인 진리를 깨치기 위해 용맹 정진하는 두타頭陀제일이다. 특히 선종에서 붓다의 법을 첫 번째로 전수한 전법傳法제자로 숭앙한다. 붓다가 말없이 연꽃 한 송이를 들자 가섭만이 그 뜻을 알고 미소지었다는 데서 나온 염화시중拈華示衆과 붓다의 열반에 임종하지 못하자 관 밖으로 두 발을 내보였다는 곽시쌍부槨示雙趺의 주인공이다. 가섭은 붓다 열반 후 제자들을 모아 경전을 편찬한 첫 번째 결집結集을 주도하였다.

아난阿難은 붓다의 사촌 아우로 붓다 전법의 후반 25년 동안 한시도 곁을 떠나지 않고 모시면서 온갖 법문을 모두 들어 외웠던 다문多聞제일이다. 이렇게 붓다의 가르침을 모두 암송하고 있었기에 붓다 열반 후 제1결집에서 경장經藏이 이루어질 수 있도록 하였다. 용모가 빼어나서 많은 여인들의 선망의 대상이기도 했던 아난은 붓다를 설득하여 여성의 출가를 허락 받기도 하였다.

수보리須菩提는 연기의 근본 이치인 공에 통달하였다는 해공解空제일로 꼽힌다. 공을 강조하는 『반야경』에서는 수보리가 공의 지혜 반야바라밀을 설한다.

부루나富樓那는 언변이 뛰어나 많은 중생들을 교화한 설법說法제일로 일컬어졌다. 불교에 입문하기 전에 브라만교의 많은 문헌을 섭렵하여 풍부한 지식을 쌓은 그는 탁월한 언변으로 먼저 사람들을 기쁘게 하고 이어 가슴

십대 제자

274 | 오늘 나는 사찰에 간다

을 찌르는 고언을 듣고 끝으로 밝은 지혜로 모든 것이 공함을 가르쳐 수많은 사람들을 제도하였다. 그래서 흔히 전도자의 표상으로 일컬어진다.

가전연迦旃延은 교리의 이치를 잘 설파한 논의論議제일로 꼽힌다. 인도의 변방에 이르기까지 각지에서 교화에 힘을 기울였는데 서방 출신으로 부루나와 함께 이 지역의 포교에 큰 공적을 남겼다.

아나율阿那律은 붓다의 사촌 아우로 육안 대신 마음의 눈을 얻어 심원한 통찰력을 발휘하는데 뛰어난 천안天眼제일로 일컬어진다. 어느 날 붓다 앞에서 졸다가 책망을 들은 후 서원을 세워 조금도 자지 않아 병이 났는데도 붓다의 만류를 듣지 않고 뜻을 관철하다 시력을 잃고 말았으나 오히려 이 때문에 천안을 얻게 되었다.

우바리優婆離는 교단의 규율과 규칙에 정통하며 계율을 잘 지킨 지계持戒제일로 꼽힌다. 우바리는 석가족의 이발사로 붓다의 허락을 얻어 출가하였는데, 이후 세속의 지위나 나이와 관계없이 교단에 입문한 순서대로 비구들의 서열을 가리도록 하는 평등사상의 실례로 꼽힌다. 붓다 열반 후 제1결집에서 계율을 암송해 내어 율장律藏이 이루어질 수 있게 하였다.

라후라羅睺羅는 붓다 석가모니의 하나뿐인 아들로 아버지를 따라 출가한 후 은밀히 계행을 잘 지켜 수행한 밀행密行제일로 꼽힌다. 성인이 되기 전에 출가한 최초의 사미로서 붓다의 아들이라는 점 때문에 보통 사람보다 더 많은 주의와 훈계를 받았으나 이를 잘 참아내고 금계禁戒를 깨뜨린 일이 없었다.

송광사 나한탱 _ 십륙 나한의 형상을 자유롭게 그려 봉안한 십륙 나한탱의 제1, 제3, 제5존자의 모습.

십육 나한 존경을 받을 성자

삼장에 두루 통달한 나한들은 삼계의 더러움에 물들지 않고 외도外道들을 굴복시켜 정법正法을 수호하고 중생을 제도하는 사명을 갖는다. 이들은 열반에 들지 않고 수명을 연장하여 세상의 곳곳에 머무르며 장차 미륵불이 하생할 때까지 교화하겠다는 선지식들이다.

제1 빈도라賓度羅 존자는 1천 아라한과 서방 구다니주瞿陀尼洲에 나누어 살고, 제2 가락가迦諾迦 존자는 오백 아라한과 북방 가습미라국迦濕彌羅國에 나누어 살고, 제3 발리타사跋釐墮闍 존자는 6백 아라한과 동방 승신주勝身洲에 나누어 살고, 제4 소빈다蘇頻陀 존자는 7백 아라한과 북방 구로주俱盧洲에 나누어 살고, 제5 낙구라諾矩羅 존자는 8백 아라한과 남방 섬부주贍部洲에 나누어 살고, 제6

부처와 제자 | 277

백양사 나한

석존의 또 다른 탁월한 16분의 제자인 나한상. 뛰어난 경지를 이루어 뭇사람들의 존경을 받으며 각자 주처와 대중이 다르게 설정되어 자유로운 소재 변화로 우리와 다소 다른 이국적인 용모도 보여주는 십륙 나한의 여러 가지 형상.

발다라跋陀羅 존자는 9백 아라한과 탐몰라주耽沒羅洲에 나누어 살고, 제7 가리가迦理迦 존자는 1천 아라한과 승가다주僧伽茶洲에 나누어 살고, 제8 벌사라불다라伐闍羅弗多羅 존자는 1천 1백 아라한과 발랄나주鉢剌拏洲에 나누어 살고, 제9 수박가戍博迦 존자는 9백 아라한과 향취산중香醉山中에 나누어 살고, 제10 반탁가半託迦 존자는 1천 3백 아라한과 삼십삼천에 나누어 살고, 제11 라호라羅怙羅 존자는 1천 1백 아라한과 필리양구주畢利颺瞿洲에 나누어 살고, 제12 나가서나那伽犀那 존자는 1천 2백 아라한과 반도파산半度波山에 나누어 살고, 제13 인게타因揭陀 존자는 1천 3백 아라한과 광협산중廣脇山中에 나누어 살고, 제14 벌나파사伐那婆斯 존자는 1천 4백 아라한과 가주산중可住山中에 나누어 살고, 제15 아시다阿氏多 존자는 1천 5백 아라한과 취봉산중鷲峰山中에 나누어 살고, 제16 주다반탁가注茶半託迦 존자는 1천 6백 아라한과 지축산중持軸山中에 나누어 산다.

백양사 나한
―
편안하게 무릎 한쪽을 세워 두 손으로 의지한 인자한 나한상.

백양사 나한 — 정좌한 자세로 코를 짓누르며 골똘히 생각에 잠긴 활력 넘치는 나한상.

9장 ─ 수행과 일상

보리심을 다지는 자리 ─ 강원
참 나를 찾는 수행터 ─ 선원
수행과 생활의 자리 ─ 요사채
작지만 큰 자연 ─ 암자

해인사 장경각
—
강원에서 읽고 공부하는 바탕인 팔만대장경이 모두 보장된 진리의 전당 해인사 장경각.

보리심을 다지는 자리 - 강원

출가해서 사문으로서의 자질을 연마하는 처음에 강원講院에 들어가 기본 교학을 배운다. 사미沙彌과에서는 1년 동안 먼저 아침 저녁으로 예불을 드리는데 필요한 기본 의식을 익힌다. 반야심경도 외우고 초심문初心文과 발심문發心文을 읽어 출가의 의지를 굳건히 하며 자경문自警文을 읽어 수행자로서의 경계를 게을리하지 않는다. 출가 수행자로서의 기본 자세를 다짐하고 또 다짐하며 선학들의 뜨거운 격려와 경계의 글을 공부하는 것이다. 선학들의 서간문을 모은 치문경훈緇門警訓을 익힐 때는 머리가 복잡해진다. 명망 있는 승가의 수행과 학식이 다 녹아 있는 편지글을 새겨야 하기 때문이다. 이 어려운 과정을 거쳐야 글 읽는 것이 몸에 밴다.

다음에는 사집四集과에서 2년을 배운다. 도서禪源諸詮集都序 서장大慧書狀 절요法集別行錄節要 선요高峰禪要의 4가지 과제인데 모두 중국 선종을 대표하는 고승들의 저작이다. 선의 요체를 일단 글을 통해 풀어 나간다. 다음 사교四敎과에서 4년을 지내며 능엄경楞嚴經·기신론起信論·금강경金剛經·원각경圓覺經의 묵직한 경전을 배운다. 이어 대교大敎과 3년 과정에서 경전의

운문사 강원 __ 낭랑하게 글을 읽으며 불법의 이치를 깨쳐가는 생기 넘치는 열기가 문에 드리워진 발 사이로 솔솔 밀려오는 강원의 한 모습.

최고봉이라는 화엄경華嚴經과 선종 공안을 집대성한 선문염송禪門拈頌, 선종 조사들의 역사인 전등록傳燈錄을 배운다. 그리고 나서 수의隨意과 곧 뜻한 바대로 학업을 계속하기도 한다. 사미·사집·사교 대교과를 거치는 기간만 전통시대에는 10년이었다. 이쯤 익히고 나야 교선의 어떤 글이든 들이대면 그 뜻을 짐작할 수 있고, 선종의 역사와 화두에도 익숙해서 선지식의 첫걸음을 걸을 수 있었던 것이다. 지금은 승가대학에서 4년 과정으로 이런 경전과 아울러 현대적 과목들을 배우고 있다.

선원 __ 아침부터 저녁까지 선방에서 참 나를 찾아 선 수행에 몰두하는 납자들의 자리.

참 나를 찾는 수행터 — 선원

수행은 크게 교敎와 선禪 둘로 나뉜다. 체계적인 경전의 깨우침에 따라 깨달음을 얻는 교敎와 자신의 본성에 내재된 불성을 바로 깨닫는 선禪은 둘이 아닌 하나의 양면이다.

강원의 글공부를 마치고 교학과 선에 대한 기본이 정립되면 선원禪院에 들어가 본격적인 선 수행에 들어간다. 선원에는 일반인의 출입이 엄격하게 통제되고 오직 수행을 위해 차분한 분위기를 갖추도록 배려된다.

본래 선禪은 인도 고대의 사유명상법인 요가에서 비롯된 것으로 붓다의 깊은 사유와 정각을 통해 불교의 실천 수행인 선정禪定으로 체계화된 말이다. 이러한 선정을 지관止觀이라 할 수 있는데 지止는 삼매라고도 번역되는 집중한다는 의미이며, 관觀은 지혜로 사물을 관찰하는 것을 말한다.

수행과 일상 | 289

선수련회 __ 일반 사람들에게 한시적으로 문을 열어 선 수행의 복된 마당에 초대하는 수련회의 수행 모습.

불교의 선정은 요가에서처럼 고요히 앉아 산란된 마음을 가라앉히는 명상의 차원에 머무르지 않고 더 나아가 삼매의 경지에서 근원적인 지혜로 사물과 진리를 볼 수 있는 안목을 갖추어 자기의 삶을 전개하도록 한다. 선정은 불교의 수행과 실천의 중심으로서 초기불교의 실천 덕목인 팔정도나 대승불교 보살도의 실천 덕목인 육바라밀에도 들어 있다.

  그런데 선종은 불교 전개의 역사적인 입장과 수당대에 활발하게 전개된 여러 종파불교의 불교사상과 실천적인 입장을 종합하여 새롭게 자각적인 종교로 전개된 실천불교였다. 요가의 고요한 명상이나 불교 선정의 마음을 가라앉히고 번뇌를 퇴치하는 실천적 입장에 머무르지 않고, 일체의 망념이 일어나지 않는 인간 각자의 근원적인 본래심本來心 곧 불성佛性을 자각한다.

그리고 본래심의 지혜와 인격적인 덕성을 일상생활 가운데 전개하여 주체적인 삶을 지혜롭게 살아가고자 한다. 이는 붓다의 정신을 선의 실천으로 재정립하는 운동임과 동시에 가까운 데서 진리를 찾는 중국인들의 현실적인 사유정신과 생활풍토에 맞추어 새로운 현실적인 생활종교로 전개한 운동이었다.

선종은 각자의 불성을 깨닫기 위한 선 수행을 강조하고 견성見性을 주장한다. 선종에서는 철저하게 자기 자신을 문제로 한다. 지금 여기 있는 자기 자신의 존재를 깨닫고 참된 자기 자신을 바로 보고 아는 일이 전부이다.

견성은 각자의 마음 속에 구족되어 있는 붓다의 지혜와 덕성을 계발하여 자기의 생활상에 그대로 구현하는 것이다. 만법의 근원을 자기의 마음으로 깨달아 한 법도 일어나지 않는 근원적인 본래심을 깨치고 부처와 똑같은 지혜를 갖추어 참된 진리의 삶을 살자는 것이다. 이 마음은 자각된 주체인 본래심으로 일체의 경계에 끄달리거나 걸림이 없으며 일체의 번뇌나 망념이 없는 근원적인 마음이다. 그리고 일상의 평범한 생활을 영위하는 평상심이다. 이렇게 전개되는 모든 일상생활은 매사가 그대로 진실된 도道의 삶이 된다.

행주좌와行住坐臥 일체 생활을 수행의 터전으로 삼는 선원에서는 온 하루가 선 수행으로 이루어진다. 자신을 찾아 선방에서 정진하는 시간의 시작과 끝을 알리는 죽비소리는 선원의 담장을 넘어 온 도량의 정기를 일깨우고 더 나아가 세상에 공명이 커져 가는 울림이 되어, 갈 길을 찾지 못하는 중생들의 마음을 깨워 일으킨다.

개심사 요사 __ 법당 건물보다 간결하고 소박하게 생활 공간을 마련한 요사채 중에서도 나이가 많이 든 15세기의 개심사 요사채.

수행과 생활의 자리 — 요사채

요사채寮舍는 잠을 자고 공양을 하고 공부하고 수행하는 생활 공간이다. 세간 사람들에게는 다행히 맑은 향기를 울리는 차 한 잔 마실 수 있는 복된 공간이기도 하다. 생활 공간이기에 승가의 생활을 고려한 지혜가 곳곳에 배어 있다.

그러나 엄격한 질서 속에 운영되는 승려들의 절제된 생활은 일반인들이 쉽게 접할 수 없는 질서 속의 조화를 보여준다. 가지런히 정돈된 책상들이며 댓돌 위의 신발, 정연하게 펴 놓은 공양 때의 발우들이 그렇다. 그 광경 하나 만으로도 시정 사람들은 마음을 울리는 변화를 느낀다. 감동은 크고 굉장한 광경에서만 오는 것이 아니다. 자신의 마음가짐과 혜성같이 마주치는 순간 맛보는 잔잔한 감동이 생활의 싱그러운 활력이 될 수 있다. 나란히 키 맞춰 벽에 걸린 절굿공이나 장독대의 옹

법주사 요사 — 승려들의 생활 공간도 정갈하게 정돈되어 제자리를 지킨다. 곱게 물든 단풍과 잘 어울려 맑은 기운을 일으키는 법주사 요사채.

기들은 가장 우리다운 느낌으로 늘상 마음 속에 있으면서도 우리에게서 멀어진 고향을 떠올린다.

   큰절은 큰절대로, 작은 절은 작은 절대로 요사채는 절 운영에 요긴하다. 가장 단출한 사원 규모는 중심 자리에 법당을 세우고, 그 앞에 좌우로 날개처럼 부속 건물을 달고 외곽으로 요사채를 두는 경우가 일반적이다. 양 건물은 심검당尋劍堂·설선당說禪堂·궁현당窮玄堂 등 한결같이 마음 상태를 추스릴 의미있는 현판을 달고 있다.

송광사 안채 __ 많은 대중이 모여 수행하는 대찰에는 요사채도 많아 거처하는 방도 많고 이쪽 요사와 저쪽 요사를 통하는 문도 많다.

송광사 요사 __ 음식을 마련하는 요사채에 크기와 높이를 맞춰 가지런히 정돈된 절굿공이 하나에서도 승가의 법도와 엄정한 생활 자세가 배어난다.

송광사 장독대 __ 아직 우리 본 입맛을 간직하고 있는 절간 음식의 터전인 정갈한 장독대.

운문사 농구간 __ 호미와 낫 장화 어느 것이든 주인따라 가지런히 질서 있게 정렬해놓은 공구간에서 짜임새 있게 규율대로 살아가는 대중 승려들의 정결한 마음을 읽는다.

봉원사 대방

요사채 안에 불단을 모시고 당번을 켜켜로 늘어뜨려 장엄을 더한 봉원사 대방.

봉은사 선불장
—
공부하고 먹고 자는 공간 요사채를 수호하도록
신장상을 문에 그려 넣은 봉은사 요사채인 선불장.

신륵사 굴뚝

도심에서는 완전히 잊혀진 굴뚝. 불 때서 연기 나오는 굴뚝에도 중생의 기운을 불어넣어 주느라 얼굴이 새겨진다.

동화사 굴뚝

해 걸러 법당 지붕을 보수하다 보면 지천으로 나오는 기왓장을 이용하여 멋들어지게 쌓아 올린 굴뚝의 정취.

경국사 다로경권 __ 수행에 교화에 바쁜 틈틈이 도반들과 차를 나눈다. 화롯가에서 차 끓이며 경전 얘기에 밤 기우는 줄 모르는 다로경권의 문패를 문간에 걸어놓고. 그러다 순례자에게도 차 한 잔 돌아가면 더욱 좋으리.

전각 사잇길 __ 대찰에는 전각마다 따로 담장을 둘러 구역을 나누어놓기도 한다. 원래 사원의 원院이 그랬던 것처럼.

의상대 일출

아침 공양을 마치고 잠시 산책하는 여유를 갖는다. 해가 떠오르는 낙산사 의상대를 돌며 시원하게 바닷바람 쐬고 하루 일을 차례차례 그려본다.

봉정사 영산암 _ 큰절을 내려다보며 한적한 자리를 가진 봉정사 영산암. 작은 마당에 연륜이 쌓인 소나무가 집과 한몸이 되어 푸근한 마음을 자아낸다.

작지만 큰 자연 — 암자

큰절은 대중들의 활동으로 활기가 넘친다. 오랜 동안의 수행과 교화를 넘긴 노장은 큰절을 떠나 주변 암자로 자리를 옮긴다. 암자는 큰절에서 개울을 건너 아담한 자리나 한참 걷기 마침 좋은 적당한 자리에 서 있다. 노대덕은 암자에서 정진을 거듭하며 보다 가깝게 인연 대중들을 만나 가르침을 펴고 감동을 나눈다. 큰절의 딱딱함과 서먹함은 한결 줄어들어 편안한 느낌이 된다.

총림의 암자들은 독자적인 사원으로 불러도 마땅할 만큼 큰 규모를 갖추고 있다. 하지만 산중에 자그맣게 자리잡은 작은 암자의 운치도 훌륭하다. 작기 때문에 자연과 벗하며 자연의 한 부분으로 자연스레 남을 수 있는 것이 암자이다.

송광사 화엄전으로 가는 길

큰 절에서 개울을 건너면 아담한 암자가 발길을 이끈다.
작아서 번잡스럽지 않고 그래서 더 자연에 가까이 안긴 암자의 내음이 다가온다.

삼성암 소불상

암자에 어울리는 자그마한 소조 불상. 작지만 아름다운 현장을 실감하게 해주는 그러나 지금은 보기 쉽지 않은 단아한 조선시대 불상.

화엄사 구층암 요사 큰절처럼 격식을 크게 갖추지 않아도 되는 암자의 요사채는 화엄사 구층암처럼 굽은 가지를 멋들어지게 받쳐 운치 있는 정경을 이루기도 한다.

10장 ― 몸은 가고 자취만 남아

훌륭한 선지식의 전통 조사전

스승의 향기 승탑과 비림

부석사 조사당 __ 천 수백년 전에 이 땅에 가르침을 깊은 개창조를 기리는
조상 중에서도 가장 나이든 부석사 조사당.

훌륭한 선지식의
전통 — 조사전

절을 거쳐간 수많은 선지식 중에서도 특히 추앙해야 할 도량의 지주가 있다. 그 절을 창건한 개창조나 어려운 시절에 사원을 다시 일으킨 중창주가 그렇다. 이처럼 사원 창건과 운영에 뚜렷한 자취를 남긴 고승의 형상을 만들어 조상造像으로 모시거나 초상으로 그려 영정影幀을 소중히 받들어 모시는 전각이 조사당祖師堂이다. 영정을 모신 전각이라는 뜻에서 영각影閣이라고 이름 붙이기도 한다.

진영眞影은 인물의 겉모습에 진실된 심성을 담아낸 것이다. 외형만을 그럴듯하게 그려서는 진영이 되지 못한다. 그 인물의 본성이 화면에서 향내를 발산하게 그려내야만 진영이 된다. 그래서 우리는 훌륭한 진영에서 선지식의 드높은 선향禪香을 느낄 수 있다.

몸은 가고 자취만 남아 | 313

부석사 의상대사상 _ 사찰을 창건한 공덕은 길이 새겨 오늘의 거름으로 삼아야 한다. 유서 깊은 부석사 조사당 안에 봉안한 창건주 의상대사의 소조상과 의상대사의 생애를 그린 그림.

스승으로부터 가르침을 받고 인가印可를 얻어야만 하는 선종에서는 조사에서 조사로 이어지는 전등傳燈을 크게 중시한다. 그만큼 조사 숭배도 대단하다. 선종이든 교종이든 조사를 추모하기 위해 조사당을 짓고 조사상을 봉안해 온 후학의 마음은 물론 마찬가지이다.

선암사 조사탱 __ 자신의 깨침을 지켜봐 준 조사를 숭상하는 풍습은 선가만큼 철저한 데가 없다. 선종의 초기조사들인 육조대사를 비롯한 역대 조사를 그린 탱화.

태안사 배알문
―
조사를 모신 자리로 들어가려면 공손하게 머리 조아리고 배알문을 들어서야 한다.

스승의 향기 승탑과 비림

이승의 수도를 마치고 열반에 들면 육신은 한줌 재를 남길 뿐 법신만 그 자리에 남는다. 그 유골을 봉안하여 승탑僧塔, 곧 부도浮屠를 세운다. 조상숭배 관념이 지극했던 우리 나라에는 조사를 받드는 정신이 유난하다. 세간의 유별난 효도라 해도 승가의 스승 모시기에 비하면 턱없이 부족하다. 그래서 남은 제자들은 스승의 남은 향기[餘香]모아 정성스레 승탑을 만들어 세운다. 부처의 탑[佛塔]을 공들여 세우듯이 산중 좋은 자리를 마련하여 스님의 탑[僧塔]을 세운다.

그런 뒤 곧바로 돌아간 스승의 평생의 자취를 기리는 탑비塔碑를 준비한다. 먼저 평생의 일을 차근차근 정리하여 문중의 생각을 모아 간추려 기록한 행장行狀을 만든다. 이 행장을 들고 당대의 명문장을 찾아 스승의 비문을 부탁한다. 오랜 고심 끝에 명문이 탄생한다. 이를 받아 돌에 새겨 천년 가도록 널찍하고 든든한 거북 등에 올려 비를 세운다. 탑이 서 있는 가까이에 탑비 자리를 마련하여 한 쌍을 이루어 스승의 삶을 두고두고 오늘에 비춘다.

승탑과 비들을 한곳에 모아놓은 곳이 비림碑林, 곧 부도림浮屠林이다. 그 절에 살며 도량을 빛내고 가꾸고 대중들을 감동시킨 선지식들이 한데 모여 있는 곳, 그 절의 역사를 고이 간직한 터전이다.

승탑의 부분 이름

탑비의 부분 이름

미황사 탑림_이 땅에 숨결을 남긴 스승들은 가고 사리만 남아 탑을 이루고 탑은 모여 숲을 이룬다.

회암사 무학대사탑_ 좋은 자리를 마련하여 스승의 유골은 승탑에 모시고 그 옆에는 스승의 생애를 기리는 명문을 돌에 새겨 천년 가도록 길이 전해야 제자의 마음이 다소나마 놓인다.

쌍봉사 철감선사탑

나를 일깨워준 스승을 위해서는 세상에서 가장 아름다운 조형물에 스승을 모셔야 한다. 빼어난 비례와 갖은 조각으로 승탑 중에서도 첫손 꼽히는 쌍봉사 철감선사의 승탑.

쌍계사 진감대사비

―

스승의 생애는 명문에 담아 명필의 손을 빌어 변치 않는 돌에 새겨 세운다. 당대 명문이자 명필이었던 최치원이 짓고 쓴 쌍계사 진감선사 탑비.

고달사 원종대사비 _비는 귀부 위에 비신을 올리고 다시 위에 이수를 올려 이루어진다. 몸돌은 딴 자리에 가고 역동적인 귀부와 가운데에 비 이름을 써 넣은 전액을 담고 승천하는 용머리를 공교롭게 새긴 고달사지 원종대사 탑비.

인도와 중국의 사원

인도의 사원

불교 초기에는 지금과 같은 사원의 형태가 없었다. 붓다와 승려들은 당시 다른 종교 수행자들이 그랬듯이 숲속의 나무 아래 앉아 명상에 잠기고 나뭇잎으로 둘러친 오두막에서 비바람과 밤이슬을 피했다. 평지의 나무 그늘과 자연 동굴도 수행에 요긴한 장소였다. 수행자들은 아침마다 마을에 나가 걸식을 하여 먹을 것을 구하고 다시 숲에 들어가 하루 한 끼 음식을 먹고는 수행에 열중하였다. 한곳에 머물러 지내는 것은 집착의 근원이 될 수도 있었기에 수행자는 한곳에 오래 머무를 수 없었고 이곳저곳을 돌아다니며[遊行] 지내야 했다.

그러다 점차 수행자가 많아져 교단이 확대되고, 이를 존경하는 재가신자들이 토지와 건물을 교단에 기부함으로써 일정한 곳에 머물며 활동하는 정주定住생활로 바뀌게 되었다. 또, 우기雨期에 마을과 산중을 돌아다니는 것은 질병과 해충의 위험에 빠져들 우려가 있었다. 그래서 우기철에 임시로 마련한 일정한 주처에 머물며 수도에 전념하도록 한 것이 우안거雨安居였다.

이런 경향은 재가신자들의 교단 수행자를 위한 장소나 건물의 기증으로 이어졌다. 이를 원림園林이라 불렀는데 본래 휴식을 취할 수 있는 동산을 뜻하는 말이었다. 불교의 수행자 곧 승가들이 거처하는 아라마는 상가라마로 불리었고, 이를 한자로 음역한 승가람(僧伽藍, 衆園)에서 우리가 사원을 부르는 다른 이름인 가람伽藍이 비롯되었다. 아라마와 함께 초기에 널리 쓰였던 말이 비하라[정사]였다. 정사精舍는 명상과 수도를 위한 장소를 가리키는 것이었다.

애초에 원림은 사람들이 모여 사는 근처에서 시작되었다. 걸식과 교화를 실행해야 했기에 마을에서 너무 먼 곳은 적절하지 않았다. 그렇다고 마을

나시크 탑원 — 안쪽에 봉안한 스투파를 돌아가며 예불할 수 있도록 내부 구조를 꾸민 서기 2세기경의 카를라 석굴 제8굴 탑원.

기원정사 __ 최초의 사원으로 이름높은 기원정사 유적. 지금의 승원터는 후대에 승방이 추가된 모습. 부처가 가장 많은 법문을 남긴 곳.

에 있으면 소란하여 수행에 지장을 주기 때문에 떨어져 있어야 했다. 그래서 마을에서 조금 떨어진 한적한 숲이 좋은 입지가 되었다.

불전에 기록된 최초의 사원은 기원정사이다. 항상 가난한 이들을 도와주기 좋아하여 급고독給孤獨장자라는 이름을 가진 코살라국 사위성의 수닷타須達장자는 붓다를 한번 보고 그 위대함에 흠뻑 빠져들고 말았다. 그래서 붓다와 제자들을 위한 터전으로 사원을 만들어 기부하고 싶었다. 온 나라를 돌아다닌 끝에 마침 적절한 땅을 찾았다. 그러나 땅 주인인 제타祇陀태자는 땅을 내놓을 생각이 전혀 없었다. 그래서 땅의 넓이와 같은 황금을 요구했다. 진정으로 사원을 만들고 싶었던 장자는 정말 땅에 금을 깔아갔다. 그 연유를 알고 난 태자는 장자의 뜻에 감동하여 땅을 기부하였고, 그렇게

나시크 승원 __ 가운데 공간을 두고 입구를 제외한 3면에 나란히 몇 개의 승방을 마련한 서기 2세기 경의 나시크 석굴 제3굴 승원.

하여 사원은 이루어졌다. '제타 태자의 원림에 이루어진 정사'라는 뜻에서 이 절은 기원정사祇園精舍라는 이름으로 불리었다. 아마 간단한 건물로 시작되었을 이 기원정사는 율장의 기록에 몇 개의 방이 있는 정사, 창고, 근행당, 화당火堂, 주방, 변소, 경행당經行堂, 우물, 목욕실, 예불당 등의 여러 건물로 이루어졌다고 하였다.

붓다가 중생들에게 교화를 편 45년의 생애 가운데 절반 정도를 보냈을 만큼 기원정사는 초기 불교의 중심도량이었다. 성도 후 3년째의 우기를 이곳에서 보낸 이래 20여 회의 우안거를 이곳 근처에서 지냈다고 한다. 때문에 이곳에서 설해진 경전도 많다. "어느 때 부처님께서 사위성 기수급고독원에서 1천 2백 5십 인의 제자와 더불어 계시면서 이렇게 말씀하셨다"라고

날란다 사원 __ 예불 공간인 탑원과 면학과 생활 공간인 승원을 여러 개 모아 거대한 복합 사원을 이룬 7세기 최대의 날란다 사원.

시작되는 『아함경』이나 『금강경』 등이 그것이다.

이에 짝하는 사원은 당시 가장 강대한 나라였던 마가다국의 수도 왕사성에 빔비사라頻毘娑羅왕이 기부한 최대의 사원 죽림정사竹林精舍 였다.

이런 초기 사원의 원 모습은 지금은 찾아보기 어렵다. 오히려 가장 초기의 모습을 보여주는 것은 석굴 사원이다. 인도 남서부에 주로 남아 있는 아잔타를 비롯한 여러 지역의 석굴 사원들은 서기 전 2세기 무렵의 것에서부터 남아 있다.

그런데 이 석굴 사원은 크게 탑원과 승원의 두 가지 다른 형태가 남아 있다. 불탑을 봉안한 탑원塔院은 붓다에 대한 신앙의 터전으로서 예배 대상인 불탑을 중심으로 이를 오른쪽으로 따라 돌기 위한 통로가 마련되고, 그 앞쪽으로 예불이나 모임을 위한 공간이 있는 형태였다. 1세기 무렵에 불상이 만들어지자 탑원은 탑의 정면 감실에 불상을 봉안하고 굴 내부를 붓다의 생애 이야기인 불전도佛傳圖로 장식하였다. 승려들이 거주하던 승원僧院은 수행의 도량으로서 산허리를 뚫어 네모난 중심방을 만들고, 정면을 제외한 세 방향에 겨우 한 사람이 거주할 수 있는 몇 개의 승방을 나란히 파서 승려들의 생활 공간을 마련하였다. 후대에는 승원의 안쪽 격면에도 불상을 봉안한 굴실을 마련하고 부처의 과거 수행 이야기인 본생담과 불전도

나가르주나콘다 싱할라 사원 __ 한쪽에 탑원을 설치하고 다른 한쪽에는 소탑과 불상이 봉안된 승원을 배치하여 복합 공간을 형성한 3세기 경의 나가르주나콘다 사원.

가 주 내용을 이루는 많은 벽화를 그려 장식하였다.

  서로 독립된 공간으로 역할을 달리 하던 탑원과 승원은 3세기 무렵부터 하나로 합쳐진 모습이 나타나기 시작한다. 정사의 한쪽에 불탑 또는 불상을 봉안하고 나머지는 수행 공간으로 활용하는 것이다. 여기에 인접하여 다시 거대한 불탑을 세워 승원과 불탑이 결합된 완비된 가람을 형성하였다.

  수도를 위한 승려들의 거처였던 정사는 교단이 발전하고 많은 수행자들이 공동생활을 하며 예배와 수행을 하게 되자 예불당과 승원을 모두 갖춘 사원의 의미로 쓰이게 되었다. 중국에서는 정사의 글자마다에 의미를 부여하여 정사를 '정밀한 수련을 하는 형자가 거처하는 곳'이라고 풀이하였다. 절을 난야蘭若라고도 하는데 이는 아란야阿蘭若를 줄여 부른 말이다. 비구가 거주하며 수행하기에 적절한 곳으로 마을에서 떨어진 조용한 곳을 말한다. 그래서 규모가 작은 조용한 절을 말하기도 한다.

중국의 사원

1세기 무렵 인도의 불교는 서역을 건너 중국에 들어왔다. 중국에서는 후한 명제 때 서역에서 불법을 가져온 가섭마등迦葉摩騰과 축법란竺法蘭 두 승려를 위해 수도 낙양의 동쪽에 백마사白馬寺를 창건한 것을 그 시초로 꼽기도 하고, 오나라 때 서역에서 강승회康僧會가 건업에 오자 손권이 건초사建初寺를 지어 준 것이 강남 사원의 시초라고도 한다.

절을 사寺라고 하는 것은 중국에 불교가 처음 들어왔을 때 승려를 외국 사신을 접대하는 홍려시鴻臚寺의 빈관에서 머물도록 하였는데, 후에 별도로 주처를 마련하여 거주 공간이 이루어진 다음에도 그 처음 이름을 그대로 따라 사용하여 사라고 부른 것이 승려들이 활동하는 곳을 모두 사라고 부르게 된 연유라고 한다. 절은 사찰寺刹이라고도 하고 사원寺院이라고도 한다. 사찰은 법요를 행할 때 나부끼는 깃발인 당번幢幡을 불당 앞에 매단 데서 생겨난 말이다. 찰刹이 윗부분을 수정 등으로 장식한 깃발을 뜻하기 때문이다. 사원이라고 할 경우에는 사는 사찰 전체를 말하고, 원院은 사찰 내에 담장으로 둘러싸인 한 구역을 가리키는 것이었으나 일반적으로 함께 병칭하여 사원으로 부른다.

그 후 중국의 사찰은 크게 늘어나 서진시대에는 180개 소, 동진시대에는 1,768개 소, 남북조시대 후반인 북위 때에는 3만여 개 소의 사찰이 건립되었다고 한다.

중국의 사원은 크게 낭원식廊院式과 종축식縱軸式으로 나뉜다. 낭원식은 하나의 불탑과 불전佛殿을 중심으로 사방을 회랑으로 둘러싸서 독립된 하나의 사원 구역을 이루고, 큰 사원은 여러 개의 사원구역으로 구성된 것을 말한다. 낭원식은 초기에는 불탑 중심의 구조였는데, 남북조시대에 불전 중심의 사원이나 불탑을 앞에 두고 불전이 뒤에 와서[前塔後殿] 나란히 자리하는 사원이 나타났다. 수당시대에는 사원의 규모가 확대되어 건축 유형도 다양해졌는데, 자은사에는

운강석굴 — 암벽을 파고 들어가 만든 거대한 공간의 모든 벽면을 불상과 불전도로 가득 채워 조각한 5세기 북위시대의 운강석굴사원 제10동.

돈황석굴 __ 암벽을 파고 들어가 불상 봉안 공간과 예불 공간을 만들고 사방을 벽화로 가득 채워 장식한 6세기 북주시대의 돈황석굴사원 제428동.

10개의 사원구역이 있을 만큼 대규모의 사원이 조영되었다. 이에 비해 후기에 등장한 종축식은 하나의 세로 중심의 선상에 주요 전당을 차례로 줄지어 배치하고 각 전당의 좌우에 대칭으로 전각을 두는 형식이다. 종축식은 찾는 사람을 질서 있게 인도하여 전체 사원을 관상하도록 하여 신앙심을 고조시키고 각 사원구역의 건축이나 공간에 변화를 주어 풍부한 예술적 변화를 추구하였다. 기본 평면은 규정에 따랐지만 사원이 위치한 높낮이에 따라 각각 다른 구성으로 개개 사원의 특색을 표출하였다.

장대한 건축물을 중심으로 형성된 중국의 사원은 당대 최고 수준 문화의 종합 전시장이었다. 건축과 조각, 회화와 공예 등 수준 높은 예술이 사원을 무대로

자은사 __ 문과 법당과 탑을 지나는 중심선 좌우에 대칭으로 부속 전각과 요사채를 배치하여 엄정한 구도를 살린 당나라의 대표적인 사원, 서안의 자은사의 중심 구역.

전개되었던 것이다. 지금도 남아 있는 여러 사원을 통해 그 장려한 모습을 짐작할 수 있지만 돈황·운강을 비롯한 여러 석굴에 조성된 사원의 모습과 불교 예술은 당대 문화의 중심에 서 있던 빛나는 모습을 오늘에까지 잘 전해 주고 있다.

절을 되돌아 나서며

절을 되돌아 나서며

절의 맨 윗쪽 지세 좋은 곳에 자리잡은 승탑 자리에서 이제까지 돌아본 절 구석구석을 되돌아본다.

혹은 산신각 자리처럼 한적한 자리에서 돌아보는 전망도 좋다.

역시 우리 전통적인 절은 자연과 어울리는 따뜻한 품을 지녔다. 지세를 살펴 정기가 모인 곳에 건물을 지어 가람을 이루되 반드시 지형의 분위기를 거스르지 않는 조화를 고려하고 있다. 그래서 어느 자리에서 보든지 주변 정황과 어울린 편안한 느낌을 받게 된다. 승탑 자리에 서면 이 주인공이 이곳을 가꾸며 정진에 열중하던 모습이 그려진다.

산신님도 찾고 칠성님도 부르고 독성님의 수행 자세도 본받으며 삼성각을 드나들던 우리같은 보통 사람들의 발길을 따라 다시 절 경영의 중심인 주 법당에 걸음을 멈춘다. 법당 안은 언제나처럼 온갖 뛰어난 조형물이 조화를 이루고 있는 불국 세상이다. 툇단 위의 불상과 불화, 천개와 공양물이 미소지으며 순례자를 맞이한다. 널찍한 법당 마루에 앉아 잠시 호흡을 가다듬는다.

　　세상에서 나를 바로 바라볼 수 있는 소중한 순간이다. 그림자도 아름다운 꽃살문 사이로 스치는 바람이 한결 싱그럽다.

　　법당을 나서서 주

변을 돌아본다. 관음전의 관음보살이 인자한 모습으로 손짓한다. 나한전의 개성 있는 수행자상들은 순례자는 아랑곳하지 않고 자신의 생각에 잠겨 있다. 지장전의 지장보살과 시왕상의 밑에 그려진 과장된 표현의 지옥도를 보자 다시 한번 내 모습과 지나온 행동을 돌아보며 큰 잘못은 없었는지 생각해 보게 된다.

어느 한곳 수행자와 순례자의 숨결이 미치지 않은 곳이 없다. 그래서 절을 찾는 걸음은 그 자

리에서 선인의 숨결을 살아있는 그대로 느끼게 된다. 그런 생각으로 법당 마당에 돌아오니 내 마음의 미망을 보는 양 석등이 눈에 보이지 않는 빛을 발한다. 앞쪽으로 서 있는 범종각에서는 사물이 제각기 중생들의 외양에 맞춰 범음을 토해낸다. 곁에 마련된 요사채에 들어가 스님을 찾는다. 돌아가는 길에 이런저런 내용을 알고 다시 맛보는 차맛은 처음보다 더욱 일품이다.

누각에 올라 마

지막으로 절 앞에 펼쳐지는 전망을 천천히 완상하고 누각 밑으로 절을 나선다.

금강문이나 천왕문의 역사상과 천왕들이 다시 찾을 날을 기약하며 작별의 손을 흔든다. 고풍스런 당간지주를 지나다 천년 전의 가람을 머릿 속에 떠올리며 일주문을 나서니 다시 세상은 절에 들어가기 전과 다름없이 바쁘고 요란하게 움직이고 있다. 그러나 순례하기 전과 후의 마음은 전연 다르다. 그래서 한결 여유 있는 마음으로 발길을 접는다.

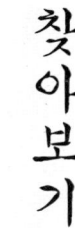

찾아보기

12신장 196
12지상 82
1탑 1금당식 28
1탑 3금당식 27
28수 239
4대 영장 247
53불 201
5비구 259, 260

ㄱ

가락가 존자 277
가람 328
가람신 151
가루라 86
가리가 존자 279
가섭 271, 273
가섭마등 336
가전연 275
간다라 131
간주 89
감로탱 147
감은사 28
감은사 사리기 78
감은사 사리병 78
갑사 당간 38
갑사 삼성각 독성탱 233
갑사 삼성각 산신탱 232
강당 120
강승회 336
강원 285
개심사 43
개심사 대웅전 대들보 159
개심사 요사 292
개암사 62
개암사 대웅전 112~3, 160, 178
거문성 239
거조암 영산전 102~3
거해지옥 224
건달바 51, 83
건초사 336
견성 291
경국사 다로경권 302
계룡산 232
고달사 원종대사비 324~5
고려불화 145
고타마 252
공덕신앙 131
과거칠불 200

곽시쌍부 273
관경변상도 193
관룡사 석문 40
관룡사 용선대 96
관룡사 장승 36
관음 183, 193, 207
『관음경』 207
관음전 207, 344
광목천 51, 52, 53
구반다 51
궁비라 197
궁현당 295
극락 189
극락교 36
극락전 189
극락정토 191
극락회상 191
『금강경』 285, 333
금강문 53, 346
금강사 21, 27
금강역사 53
금다천자 252
금당 120
금동 정병 165
금시조 86
급고독 263, 330
기단부 79
기림사 응진전 268~9
기수급고독원 331
기신론 285
기원정사 263, 330~1
긴나라 87
까치호랑이 167

ㄴ

나가르주나콘다 싱할라 사원 334
나가서나 존자 279
나반존자 231, 235
나시크 승원 331
나시크 탑원 329
나한 266
나한전 265, 344
낙구라 존자 277
낙산사 172~3
낙산사 석탑 76
낙산사 홍예문 41
난야 335
남산 상선암 99

남산 신선암 98
남산 칠불암 99
낭원식 336
내소사 42, 49, 123
내영도 193
노사나불 127, 203
녹야원 247, 253, 260
녹원전법 245, 247, 260
녹존성 239
논산 쌍계사 대웅전 109
논산 쌍계사 대웅전 공포 109
논의제일 275
누각 345
능엄경 285
능파교 36
능허교 53

ㄷ

다문제일 273
다문천 51, 52, 53
다보탑 79, 81
다포계 121
당간 37
당간지주 37, 346
당번 336
대광명전 185, 203
대교과 285
대세지 193
대승사 122
대애지옥 222
대웅전 179
대적광전 185
대통사 27
도량신 151
도리사 28
도리천 51, 150, 199
도명 존자 220
도산지옥 223
도서 285
도솔래의 245, 247, 252
도솔천 199
도시대왕 220, 223
독각상 231, 235
독성탱 235
돈황석굴 338
동진보살 151
동화사 굴뚝 301
두타제일 273

ㄹ

라호라 존자 279
라후라 275
룸비니 247, 252

ㅁ

마가다 181
마라난타 27
마애불 133
마야부인 252
마투라 131
마호라 197
마후라가 87
명부전 221
목련 존자 271, 272
목어 67
목탑 77
무곡성 239
무독귀왕 220
무량사 22
『무량수경』 201
무량수전 189
무색계 215
무소유처 258
무우수 252
무위사 극락전 119, 156, 190
무위사 내영도 192
무위사 설법도 192
문곡성 239
문수보살 179, 183, 185
미기라 197
미륵 183
미륵불 125, 135, 199
미륵사 27, 28
미륵전 199
미타전 189
미타회상 147
미황사 대들보 169
미황사 대웅전 천장 154
미황사 불패 164
미황사 탑림 320
밀행제일 275

ㅂ

바라나시 260
박피지옥 219

반승 151
반야용선 167
반탁가 존자 279
발다라 존자 277
발리타사 존자 277
발설지옥 220
발심문 285
백마사 336
백양사 목탁 71
백흥암 극락전 불단 161
백흥암 대들보 166
벌나파사 존자 279
벌사라불다 존자 279
벌절라 197
범어사 일주문 48
범종 67
범종각 67, 345
범천 149, 183
법고 67
법당 120, 155, 343
법신불 127
법왕루 61
법장비구 189
법주사 89
법주사 미륵불 198
법주사 쌍사자 석등 91
법주사 요사 294
법주사 천왕문 56~7
법주사 팔상전 248~51
『법화경』 131
벽려다 51
변상도 145
변성대왕 220 222
보개 157
보리암 209
보살 207
보신불 127, 203
보타락가산 208
보탑 157
보현보살 179, 183, 185
본생담 333
봉덕사종 66
봉원사 대방 298
봉은사 61, 170
봉은사 백중등 93
봉은사 선불장 299
봉은사 십륙 나한 266~7
봉은사 연등 92
봉은사 영산전 264

봉정사 61, 64
봉정사 극락전 106, 120
봉정사 영산암 304
부다가야 247
부단나 53
부도 317
부루나 273
부색계 149
부석사 60~1, 65
부석사 당간지주 39
부석사 무량수전 89, 120
부석사 무량수전 기둥 공포 110
부석사 미타상 117, 130
부석사 석등 90
부석사 의상대사상 314
부석사 조사당 312
부처 200
『북두칠성연맹경』 237
분신불 181
불국사 29
불국사 기단 63
불국사 대웅전 74, 79, 89, 104
불국사 목어와 운판 72
불국사 무설전 75
불국사 석등 88
불국사 청운교 62
불국사 회랑 73
불단 121
불대좌 157
불성 290
불전도 145, 333
불전설화 245
불탑 333
비갈라 197
비람강생 244, 245, 247, 252
비로자나불 127, 185, 203
비로전 185
비로탱 185
비림 317
비상비비상처 258
비사사 51
빈도라 존자 277
빔비사라 263, 333

ㅅ

사경 145
사교과 285
사라 나무 263

사리 77
사리불 271, 272
사문유관 245, 247, 255
사물 67
사미과 285
사방칠보행 253
사원 335~6
사자후 252
사찰 336
사천왕 51, 82, 181
사천왕사 28
사천왕천 199
산신 232
산신각 231, 342
산왕각 233
산자야 271
산저라 197
『삼겁삼천불연기경』 201
삼계 153
삼계불 133, 203
삼년상 219
삼성각 231, 343
삼세불 125, 133, 203
삼세여래 203
삼신불 127, 133, 203
삼신설 126
삼업 191
삼장탱 221
삼천불 201
삼태육성 239
상가라마 328
상륜부 79
상원사 동자 211
상원사 문수 210
색계 149, 215
서원 189
서장 285
석가모니불 125, 127, 134, 199, 203, 265
석가탑 79, 80
석굴 사원 333
석굴암 101
석등 89, 345
석탑 77
선 289
선견성 150
선문염송 287
선암사 석가상 111, 132
선암사 조사탱 314, 315
선암사 홍교 34

선요 285
선운사 대웅보전 202~3
선운사 비로자나상 142
선원 288~9
선재동자 208
선정인 132, 138
선종 291, 315
설법도 193
설법인 133, 140, 203
설법제일 273
설산수도 245, 247, 257
설선당 295
성문 267
성문사 27
성수겁 201
세존 260
세지 183
세진교 36
소동파 35
소빈다 존자 277
솔거 145
송광사 31
송광사 나한탱 276
송광사 삼세불 116, 124~5
송광사 승보전 270
송광사 안채 296
송광사 요사 296
송광사 육감정 46
송광사 장독대 297
송광사 종각 68~9
송광사 종각 법고 70
송광사 천왕문 50
송제 220
송제대왕 222
수기 199
수닷타장자 330
수덕사 대웅전 108, 120
수덕사 대웅전 공포 108
수미단 155
수미산 51, 150, 157
수미좌 133
수박가 존자 279
수보리 273
수의과 287
수하탄생 252
수하항마 245, 246, 247, 259
순도 27
승가대학 287
승가람 328
승선교 36

승원 263, 333
승탑 317, 318, 342
시무외여원인 139
시식 151
시왕 220
시왕탱 221
시왕탱 염라 216
시왕탱 태산 217
신륵사 굴뚝 300
신륵사 극락전 158
신중탱 149
『신증동국여지승람』 31
신통제일 272
실상사 23
심검당 295
심우도 목우 174
심우도 기우 174
십대 제자 245, 265, 266, 271
십륙 나한 245, 265, 266
십우도 167, 169
싯다르타 253
쌍계사 진감대사비 323
쌍림열반 245, 247, 263
쌍봉사 대웅전 79
쌍봉사 철감선사탑 322
쌍탑식 28

ㅇ

아귀 151, 215
아나율 275
아난 271, 273
아도 27
아미타불 126, 189
아수라 86, 215
아시다 존자 229
『아함경』 333
안양루 61
안저라 197
알이라 197
암자 305
야마천 199
야쇼다라 254
약사여래 126, 194, 195
『약사여래본원경』 195
약사전 195
약사회상 147
약차 83
업경대 219
연등불 125, 135, 199

염라대왕 220, 222
염마 218
염부수 254
염부제 51
염정성 239
염화시중 273
영각 313
영산전 265
영산탱 147, 181
영산회상 145
영정 313
영취산 181, 265
오관대왕 220, 222
오대산 보궁 82
오도전륜대왕 220, 223
오백 나한 266
오백전 266
옥개석 79, 89
왕사성 257, 333
요사채 293, 295, 345
욕계 149, 151, 215
용두보당 38
용문사 대장전 160
용 53
용신 83
용연사 168
용왕 151
용장사 석불 100
용주사 삼계불탱 144
용화사 칠성각 236
용화전 199
용화회상 147
우란분절 227, 273
우바리 275
우안거 275
우화각 53
운강석굴 337
운문사 농구간 297
운문사 불단 162
운문사 사리암 나반존자 234
운판 67
원각경 285
원림 328
원통보살 207
원효 169
월광보살 196, 239
위타천 149, 150
유성출가 245, 246, 247, 255
육도 149, 191, 215

육도윤회 153
육바라밀 290
응신불 127
응진전 265
의상대 303
이불란사 252
이차돈 28
인간 215
인계타 존자 279
인달라 197
인로왕 보살 151
인왕 53, 55
일광보살 196, 239
일주문 45, 346
임경당 53
「입법계품」 208

ㅈ

자경문 285
자은사 336
장곡사 약사상 141
장엄겁 201
전등 315
전등록 287
전등사 대웅전 180
전등사 대웅전 삼계불 114
전등사 주련 120~1
전생도 145
전탑 77
절요 285
정거천 256
정림사 21, 27
정반왕 258
정사 328, 335
제석 149
제석천 51, 150, 199, 256, 260
제타 태자 263, 330~1
제화갈라 183
조사당 311, 315
조사탱 147
조왕신 151
종루 67
종축식 336, 338
주다반탁가 존자 279
주산신 151
주악천 183
죽림정사 263, 333
중음신 219

중합지옥 225
증장천 51, 52
지계제일 275
지관 289
지국천 51, 52
지권인 136, 185
지리산 232
지옥 215
지장 193
지장보살 213
지장전 214, 344
지혜제일 272
진광대왕 220, 221
진달라 197
진영 313
진전사탑 84
진전사탑 불 팔부중상 85

ㅊ

찬다카 256
천 83
천개 157
천도재 151
천룡팔부 181
천불전 201
천상 215
천상천하 유아독존 253
천수관음 181
천안제일 275
천왕문 51, 346
천은사 극락전 118, 188
천인 183
천장 121
철상지옥 218
청동 향완 165
청량각 36
청자 향로 164
초강대왕 220, 222
초두라 197
초심문 285
초전법륜 259
축법란 336
축생 215
치문경훈 285
치성광여래 231, 237, 239
칠성 237
칠성각 231
칠원성군 237

칠장사 167
칠장사 임꺽정 그림 171
침계루 53

ㅋ

카필라 252
칸타카 256
콘디누야 258
쿠쉬나가라 247, 263

ㅌ

탐랑성 239
탑 77, 263
탑비 317, 319
탑신 79
탑원 263, 333
태백산 232
태산대왕 220, 222
태산부군 218
토함산 232
통도사 30
통도사 가람각 238, 240~1
통도사 계단 83
통도사 까치호랑이 그림 171
통도사 대웅전 소맷돌 105

ㅍ

파군성 239
파이라 197
팔공산 232
팔대 보살 193
팔부중 82
팔상도 167, 169
팔상전 245, 265
팔상탱 245
팔열지옥 219
팔정도 290
팔한지옥 219
평등대왕 220, 223

ㅎ

한빙지옥 226
항마촉지인 133, 137, 147
해공제일 273
해인사 대적광전 184, 186~7

행장 317
향대 181
현겁 201
호명보살 252
홍려시 336
홍련암 206, 209
화계사 삼성각 230
화계사 지장전 212
화사석 89
화신불 127
『화엄경』 208, 287
화엄사 63
화엄사 각황전 120
화엄사 구층암 요사 308~9
화엄사 노사나상 143
화엄사 대웅전 삼신불 115, 128~9
화엄사 사자탑과 공양인 86
화엄사 사자탑 기단 비천 85
화엄사 석등과 공양상 87
화엄사 인왕문 54
화엄사 일주문 44
확탕지옥 221
황룡사 21, 28, 29
회암사 무학대사탑 321
흑암지옥 227
흥국사 감로탱 148~9, 152~3
흥륜사 28